Relatos de um peregrino russo

Dados Internacionais de Catalogação na Publicação (CIP)
(Câmara Brasileira do Livro, SP, Brasil)

Relatos de um peregrino russo / anônimo do
século XIX ; tradução para o francês, prefácio,
cronologia e notas de Jean-Yves Leloup ; tradução
para o português de Karin Andrea de Guise. 4. ed. –
Petrópolis, RJ : Vozes, 2013. – (Série Clássicos
da Espiritualidade)

Título original: Récits d'un pèlerin russe.

12ª reimpressão, 2025.

ISBN 978-85-326-3719-2

1. Peregrinos cristãos e peregrinações –
Biografia 2. Vida espiritual – Igreja Oriental
Ortodoxa I. Leloup, Jean-Yves. II. Série.

08-05949   CDD-248.29

Índices para catálogo sistemático:
1. Peregrinos cristãos : Biografia   248.29

Relatos de um peregrino russo

Anônimo do século XIX

Tradução para o francês, prefácio, cronologia e notas de
Jean-Yves Leloup

Tradução para o português de
Karin Andrea de Guise

Petrópolis

Tradução do original em francês intitulado
Récits d'un pèlerin russe

desta tradução:
© 2008, Editora Vozes Ltda.
Rua Frei Luís, 100
25689-900 Petrópolis, RJ
www.vozes.com.br
Brasil

Todos os direitos reservados. Nenhuma parte desta obra poderá ser reproduzida ou transmitida por qualquer forma e/ou quaisquer meios (eletrônico ou mecânico, incluindo fotocópia e gravação) ou arquivada em qualquer sistema ou banco de dados sem permissão escrita da editora.

CONSELHO EDITORIAL

Diretor
Volney J. Berkenbrock

Editores
Aline dos Santos Carneiro
Edrian Josué Pasini
Marilac Loraine Oleniki
Welder Lancieri Marchini

Conselheiros
Elói Dionísio Piva
Francisco Morás
Teobaldo Heidemann
Thiago Alexandre Hayakawa

Secretário executivo
Leonardo A.R.T. dos Santos

PRODUÇÃO EDITORIAL

Anna Catharina Miranda
Eric Parrot
Jailson Scota
Marcelo Telles
Mirela de Oliveira
Natália França
Priscilla A.F. Alves
Rafael de Oliveira
Samuel Rezende
Verônica M. Guedes

Editoração: Fernando Sergio Olivetti da Rocha
Diagramação: AG.SR Desenv. Gráfico
Capa: Juliana Teresa Hannickel
Ilustração da capa: Cláudio Pastro

ISBN 978-85-326-3719-2

Este livro foi composto e impresso pela Editora Vozes Ltda.

Sumário

Prefácio, 7

Advertência, 31

Primeiro relato, 33

Segundo relato, 51

Terceiro relato, 93

Quarto relato, 99

Cronologia, 139

Glossário e comentários, 165

Prefácio

Jean-Yves Leloup

Eis que já faz quase quarenta anos que caminho lado a lado com o peregrino russo; nenhum amigo foi mais fiel, terno ou exigente...

Quando, por vezes, os meus passos se extraviam, é ele quem me traz de volta ao caminho e me lembra "o essencial", "o único necessário", ou seja, "a oração do coração", "a invocação do Nome" através da qual reencontro o fio que me liga ao Centro e ao sabor da Presença "por quem e para quem tudo existe"...

Esse peregrino "anônimo" foi o companheiro de uma multidão incomensurável, começando pelo povo russo do século XIX e seus pensadores mais eminentes: Soloviev, Gogol, Dostoievski, Tolstoi, Pasternak, Soljenitsyne... Alguns chegaram a afirmar que os três maiores livros já produzidos pela Rússia são *Guerra e paz*, *O idiota* e *Relatos de um peregrino russo*. Este último foi foi traduzido em diversas línguas e não apenas nos países eslavos e gregos e nos países que pertencem à tradição do cristianismo ortodoxo.

A primeira publicação em francês data de 1928 (ela apareceu na revista do Monastério de Chevetogne – *Irenikou*). Uma nova tradução de Jean Gauvin foi editada em 1943 nos *Cahiers du Rhône* sob o título *Relatos de um peregrino russo ao seu pai espiritual*. Desde então, surgiram numerosas edições. O mesmo aconteceu em inglês (a primeira edição de 1930 com tradução de R.M. French surgiu sob o título *The way of a pilgrim*). Seguiram-se as edições em alemão, espanhol...

O sucesso desse livrinho não se deve apenas aos seus leitores religiosos ou cultos, interessados em conhecer a tradição espiritual russa e através dela o cristianismo ortodoxo, mas também aos amantes da literatura autêntica que, como J.D. Salinger em seu romance *Fanny and Zooey*, mostram-se fascinados pela qualidade do texto e pela prática à qual ele convida. Para ele, assim como para muitos, esses relatos possuem uma virtude não apenas "iniciática", mas iniciadora...

O peregrino continua sua viagem... Tendo o olhar sempre voltado para Jerusalém, ele chega agora às terras ricas e coloridas do Brasil... Karin Andrea de Guise dedicou-se à tradução após ter consultado a multiplicidade de traduções existentes, conseguindo captar e transmitir o frescor e a força do original. Para o mundo lusófono, esse é um verdadeiro acontecimento.

Não poderíamos desejar melhor introdução à tradição hesicasta do que esses relatos. Foi por volta de 1870 que o Padre Paisius, higumeno[1] do Monastério São Miguel nos arredores de Kazan, os teria copiado de um monge russo do Monte Athos. Segundo outras informações, o manuscrito teria estado nas mãos de uma religiosa acompanhada pelo *stárets* Ambrósio de Optimo. Dentre seus papéis encontravam-se três outros relatos de estilo menos puro que teriam sido acrescentados aos relatos originais em 1911 (esses relatos não foram retomados na atual edição).

"O autor seria um 'camponês da província de Orel' e isso nos faz pensar em um certo Nemytov que vinha por vezes a Optimo para con-

---

1. Superior de um monastério ortodoxo (N.T.).

versar com o Padre Macário, predecessor de Ambrósio. Segundo as mesmas indicações, o bispo Teofano o Recluso escreveu em uma de suas cartas que ele 'corrigiu e completou' a primeira edição dos Relatos. *De fato, a edição de 1881 intitula-se "edição revista e completada".*

Se estudarmos o próprio texto, perceberemos que ele é organizado segundo um plano didático; ele revela, portanto, a intervenção de uma mão experiente. Podemos concluir que os Relatos *possuem uma dupla origem. Lembranças, cuja autenticidade parece certa, foram narradas ou redigidas por um ou diversos peregrinos. Um religioso deu forma a esses relatos para que eles servissem de ensinamento espiritual. Esse religioso pertence ao meio de Optimo"* (Jean Laloy – prefácio à edição francesa de 1966).

Esse texto, acessível a todos, tão apaixonante quanto um "livro de aventuras", transmite, ao mesmo tempo, os elementos essenciais da espiritualidade e a prática da tradição ortodoxa fiel ao cristianismo das origens, evangélico e patrístico; mas ele não deixa de ser nosso contemporâneo, arquétipo do *homo viator*, unindo-se a nós "ali onde estamos" e convidando-nos a dar "um passo a mais" ou a nos colocar, resolutamente, "a caminho"...

De passagem sobre essa terra, é preciso descobrir o sentido dessa caminhada e desse cansaço que, por vezes, nos assalta nesta ou naquela curva da estrada. Talvez estejamos, assim como ele, decepcionados pelas palavras; elas nos prometem um tesouro que, simultaneamente, está ao nosso alcance, mas que não conseguimos alcançar.

O peregrino ia de igreja em igreja, de sermão em sermão, de conferência em conferência. Precisaram-lhe que Deus era luz, clara e pura luz, e que conhecer Deus era despertar para essa luz "que ilumina e esclarece todo homem que vem a esse mundo".

Está certo, concordo, "mas eu não vejo de maneira clara, meu espírito está desnorteado, o mental agitado, como conhecer a verdadeira luz?"

Repetiram-lhe diversas vezes que Deus era Amor, Trindade, Relação de pessoa, sem confusão, sem separação e que "Aquele que permanece no Amor permanece e habita em Deus e Deus permanece e habita nele". Isso é magnífico, esplêndido, basta amar... Mas "como" amar? A palavra amor está sobre meus lábios, mas o seu gosto não está no meu coração. Não suporto meu vizinho, certamente amo aqueles que me amam, mas e quanto àqueles que me caluniam? Aqueles que não me dão a menor atenção? Amar seus inimigos, sim, ser amor como a esmeralda é verde, fazer "seu sol brilhar sobre os bons assim como sobre os maus" – Sim!, mas como?

A divinização

Ele também escuta dizer que Deus é a Vida, o grande Sopro que anima todo o universo, "por Ele tudo existe e sem Ele nada existe". Ele não é apenas essa vida mortal, vítima, um dia ou outro, das leis da entropia; não, Ele é a vida eterna, a vida incriada que não passará. O peregrino sente-se maravilhado, mas seu corpo dói, ele se sente frágil, bastaria um nada... escorregar, talvez, para que escorreguem e desapareçam com ele as grandes e belas ideias sobre o não nascido, o não criado, aquele que não nasce nem morre. Deus é a vida eterna, mas "como" saber isso quando estamos no tempo? Como nos libertar da dor, da angústia? Como ter certeza de que tudo isso não é um sonho, que o poder da ressurreição já está executando sua obra nas minhas profundezas, como ter certeza que eu jamais morrerei?

Junto aos monges, o peregrino ouviu falar do objetivo da vida humana: a *théosis* ou "Divinização", ele ouviu dizer, repetidas vezes, que "Deus se fez homem para que o homem torne-se Deus... Deus se fez *sarcophore (aquele que porta a carne) para que o homem torne-se pneumatophore (aquele que porta o espírito).*

Mais uma vez, ele sentiu-se maravilhado; indicaram-lhe que Deus, imparticipável na sua essência, deixa-se participar nas suas energias e que a divinização é participação a essas energias incriadas que os discípulos viram brotar do corpo terrestre de Jesus no momento da sua transfiguração.

O objetivo da vida humana é conhecer o seguinte:

"Tornar-se participante da natureza divina", como diz São Paulo. Mas como? É preciso adquirir o Santo Espírito, é Ele quem nos torna semelhantes ao Filho e no Filho tornamo-nos um com o Pai. Santo Ireneu é citado: "Deus Pai nos modela com suas duas mãos, o Filho e o Espírito; é através deles que podemos conhecê-lo". O peregrino quer acreditar nisso, no entanto, ele gostaria de "ver", "sentir", "provar" para que essa participação não seja apenas uma imensa saudade. Então, lhe é dito: "É preciso orar", até mesmo "orar sem cessar", e você compreenderá:

"Ouvi vários excelentes sermões sobre a oração, mas eles eram apenas instruções sobre a prece de uma maneira geral: o que é a oração, o quanto ela nos é necessária, quais são seus frutos – mas nada foi dito sobre como chegar à verdadeira oração. Ouvi um sermão sobre a oração em espírito e sobre a oração perpétua, contínua e ininterrupta, mas não indicaram como era possível chegar a esse estado. Não obtive o que buscava; parei, portanto, de ouvir os sermões e decidi, com a ajuda de Deus, procurar um homem que fosse experiente e sábio para que ele pudesse me explicar esse mistério que atraía meu espírito de maneira tão irresistível."

O guia

Não era mais momento para discursos e conferências. Para ele era chegada a hora de achar um homem "erudito e experiente"; não apenas erudito, pois lhe faltaria a força do testemunho e a transmissão da energia; não apenas um homem experiente, pois ele o fecharia na sua experiência e não teria o discernimento para aconselhá-lo no ponto em que ele se encontrava no seu caminho. É a conjunção entre a ciência e a experiência que faz o *stárets*, ou seja, o "mestre" ou "pai espiritual".

É chegado um momento na nossa vida onde não nos contentamos mais com ideias gerais, temos necessidade de sermos guiados concretamente, acompanhados no desenrolar das nossas experiências. Na tradição hesicasta, assim como em todas as grandes tradições, insistimos nessa transmissão de pessoa a pessoa, "do meu coração ao seu coração". O espelho no qual podemos discernir a qualidade ou a ilusão de nossos atos não é uma lei ou uma regra, mas uma pessoa. A inteligência e o amor de Deus se medem no olhar do *stárets* cuja ciência nos ilumina e a experiência nos reconforta.

O peregrino vai, portanto, procurar um guia, um pai espiritual, para descobrir em si o Filho Único que tem seu Espírito voltado ao "Único que é Pai"... Ele o encontrará em um desses monastérios que brotam na Rússia no final do século XIX, como em Optimo, para onde se encaminharam, dentre outros laicos em busca de orientação espiritual, um Gogol, um Dostoievski, um Khorniakov, um Soloviev, um Leon Tolstoi...

"O senador, a pobre camponesa, o estudante, tinham igual valor aos olhos dos antigos, eles vinham como pacientes que precisam de um remédio espiritual... Alguns lhe perguntavam: eles deveriam casar sua filha ou o seu filho? Aceitar um emprego, mudar de cidade para ir procurar trabalho?... Uma camponesa pediu conselhos sobre como alimentar suas aves... e ela recebeu o conselho. Diante da surpresa das pessoas que o cercavam, o stárets *respondeu: sua vida resume-se a essas aves..."*

Como orar sem cessar?

Dali em diante, toda a vida do peregrino resumiu-se a essa questão: "Como orar sem cessar?" O *stárets* não fez longos discursos, ele apenas lembrou-lhe que a sabedoria e a ciência humana não são suficientes para adquirir o dom de Deus, é a doçura e a humildade do coração que nos dispõem a receber o dom divino. Ele o convida a uma prática.

Apesar de ter experimentado e vivenciado essa prática, ele não a inventou, ele somente transmite aquilo que recebeu. O método preconizado é o mesmo atribuído a Simeão o Novo Teólogo no livro onde estão registradas as sutilezas dessa "arte entre as artes" que é a oração: a *Filocalia*. Devemos lembrar que, para os antigos, a oração é antes uma arte do que uma técnica, ela é "uma meditação que possui um coração".

Filocalia, literalmente, quer dizer "amor pela beleza", a oração é a arte através da qual nos unimos à Beleza última cujos reflexos são a natureza, os corpos e os semblantes. Orar é passar do reflexo à luz ou voltar da luz venerando-a nos seus reflexos. Se quiséssemos resumir em algumas palavras o método que o *stárets* ensinou ao peregrino, poderíamos dizer: "sente-se" – "cale-se" – "permaneça sozinho" – "respire mais suavemente" – "faça sua inteligência descer até o seu coração" – "ao respirar, invoque o Nome" – "deixe os pensamentos de lado" – "seja paciente e retome frequentemente esse exercício".

Reencontramos aqui os elementos essenciais do método hesicasta: o sentar, a postura, o silêncio, a solidão, a respiração, o centro do coração, a invocação, a repetição.

"Permaneça sentado em silêncio e na solidão, incline sua cabeça, feche os olhos, respire mais suavemente, olhe o seu coração através dos olhos da sua imaginação, reúna e passe sua inteligência, ou seja, o seu pensamento, da cabeça para o coração. Ao respirar, diga: 'Senhor Jesus Cristo, tenha piedade de mim' em voz baixa, ou simplesmente em espírito. Esforce-se para afastar todos os pensamentos, seja paciente e retome esse exercício frequentemente."

Gestos e atitudes

Como as palavras recebidas por Arsênio, esse ensinamento pode ser interpretado em diversos níveis.

"Sente-se" – Isso refere-se, antes de tudo, à postura, a atitude justa, "a postura que exclui a impostura" (mas não se trata de um molde, não existe meditação *prêt-à-porter*), não estar nem contraído, nem lasso, em uma atitude de repouso e, ao mesmo tempo, de vigilância...

Essa é a postura da bem-amada no Cântico dos Cânticos: "Durmo, mas meu coração está desperto".

A maneira justa de nos sentarmos é aquela que nos permite ficar o maior tempo possível imóveis sem sentir cansaço; a imobilidade do corpo favorece a do espírito, mesmo que se, em um primeiro tempo, esse esteja agitado, donde a importância de perseverar nessa imobilidade.

"Sente-se" – No nível psicológico isso quer dizer reencontrar sua postura, seu sentar, em uma atitude de estabilidade e de equilíbrio; em francês existe a expressão *"être dans son assiette"*[2] – "estar à vontade" ou, literalmente, "estar no seu assento" – que indica bem o estado de uma pessoa que está em harmonia consigo mesma.

Em um sentido mais espiritual, "sentar-se" é aquilo que São João chama de "Morada"; aprender a morar, a permanecer em Deus; "morar, permanecer em Deus como Ele mora e permanece em nós". Permanecer no seu Amor, ter o seu centro, seu assento, sua raiz nele, em todos os momentos e em todos os lugares...

"Calar-se" – Silêncio dos lábios, silêncio do coração, silêncio do espírito... três graus onde, de silêncio em silêncio, nos aproximamos do silêncio infinito da Presença.

---

2. No original em francês, expressão que quer dizer "estar à vontade": *assiette* também remete à palavra "assis" – sentado (N.T.).

"Respirar mais suavemente" – Não se trata de dominar sua respiração nem de medi-la, mas de acompanhá-la, acalmá-la, suavizá-la... Hoje em dia conhecemos melhor a influência da respiração sobre o psiquismo, a atenção do sopro é um meio seguro para chegarmos à concentração, pensamos de maneira diferente quando o sopro está calmo, tranquilo e profundo; aliás, quando suspendemos a respiração, o pensamento fica igualmente "suspenso", saboreamos um certo silêncio.

De onde vem nosso sopro, para onde ele retorna? Estar atento ao inspirar e ao expirar pode nos levar para longe, mas, para a tradição hesicasta, a atenção ao sopro é realmente um exercício espiritual. O sopro é o *Ruah*, o alento de Deus, o *pneuma*, o Sopro do Pai que traduzimos por Espírito Santo. Respirar profundamente, respirar mais suavemente é aproximar-se do Espírito de Deus e, em um dado momento, sentir-se inspirado, expirado por Ele. Podemos nos sentir levados pelas grandes ondas do Vivente, "Ele dá seu sopro a todas as coisas e elas vivem... Ele retira seu sopro e elas voltam ao pó."

Armadilhas da imaginação

"Olhe o interior do seu coração através dos olhos da sua imaginação" – geralmente, na tradição hesicasta, desconfiamos da imaginação.

Gregório o Sinaíta, por exemplo, tem cuidado em preservar seus discípulos de todas as representações imaginárias:

"Amante de Deus, fique atento. Quando, ocupado em seu trabalho, você vir uma luz ou um fogo, no seu interior ou no seu exterior, ou a assim chamada imagem do Cristo, dos anjos ou dos santos, não aceite essa imagem, você estaria correndo o risco de padecer por causa dela. Também não permita que seu espírito forje uma imagem. Todas essas formações exteriores intempestivas têm, como efeito, perder a alma. O verdadeiro princípio da oração é o calor do coração que consome as paixões e produz na alma alegria e contentamento, dispondo o coração a um amor certo e seguro e a um indubitável sentimento de plenitude."

Simone Weil dizia que "a imaginação serve para tapar os buracos por onde a graça poderia passar". Temos dificuldade em suportar o vazio, o deserto, e nós o povoamos com diversas miragens.

"Os monges não buscam um estado subjetivo em particular, mas um contato objetivo cujos efeitos – calor do coração, alegria, sentimento de plenitude – são reais, mas essencialmente diferentes dos sentimentos subjetivos que lhe correspondem, já que eles manifestam a presença efetiva de Deus e não apenas um estado de alma."

Contudo, alguns monges contemporâneos utilizarão a imaginação como um meio de tornar-se presente a Deus. Temos, por exemplo, a história desse *stárets* do Monte Athos que pediu a um noviço, que apresentava dificuldades em sentir o Cristo presente em seu coração, que imaginasse Jesus sentado sobre um banquinho que deveria sempre estar ao seu lado durante a oração. O jovem noviço, que até então não conseguira orar, conseguiu facilmente representar Jesus sentado ao seu lado e ele passava seus momentos de oração a falar com ele e a escutá-lo.

O *stárets* advertiu-lhe para não se distrair nos detalhes, nem procurar vislumbrar seu rosto, mas, simplesmente através da imaginação, saborear sua presença.

Alguns contam que o rapaz, após um grave envenenamento, caiu doente; uma noite, ao invés de encontrarem-no, como de hábito, deitado sobre seu leito, encontraram-no, o rosto sereno, apoiado sobre o banquinho. Ele estava morto.

No ensinamento do *stárets* ao peregrino, a força da imaginação é dirigida ao coração: por que procurar no exterior aquilo que está no interior; mesmo que essa noção de interior e de exterior deva ser relativizada, não é isso que tudo preenche? O importante é fixar um lugar onde a presença pareça se recolher. Para os hesicastas, o lugar privilegiado, o "lugar de Deus", é o coração.

A presença do coração

"Tenha um coração e serás salvo".

Ter um coração não significa apenas concentrar-se sobre uma parte do corpo, é uma certa maneira de ser, de ver, de respirar com o coração. É inerente ao coração chamar todas as coisas de "você"[3], de "tu" e não de "vós", ser íntimo das coisas, viver não em um mundo de objetos, mas em um mundo de presenças. A oração hesicasta tem como objetivo despertar o coração, despertar essa sensibilidade à presença de Deus em todas as coisas. Essa presença faz que todas as coisas não sejam meros fenômenos no sentido habitual do termo, mas verdadeiras "epifanias", manifestações do Deus inacessível. A oração de Gregório Nazianzeno expressa bem esse estado do coração desperto quando ele diz: "Ó, Tu, para Além de Tudo".

"Tu"/"Você" – sensação de intimidade, de presença e "Além de Tudo", sentido de alteridade, de "outridade radical" daquele a quem ele se dirige. O coração reconhece o Desconhecido no próximo e a proximidade daquilo que está além, sentido da Imanência e da Transcendência.

---

3. No original em francês: "Le propre du cœur c'est de tutoyer toutes choses", ou seja, literalmente, chamar todas as coisas de "tu", de "você" e não de "vós", ter uma relação íntima com as coisas (N.T.).

Ter um coração é estar centrado, sair da dispersão do mental, dos pensamentos que vão e vêm: o coração tem uma função de integração da personalidade, integrar a função vital e a função intelectual, donde essa experiência de "fazer o intelecto descer até o coração", pacificá-lo, centrá-lo, fazer do coração o órgão por excelência da consciência, uma consciência não raciocinante, mais intuitiva do que analítica, percepção global dos seres em seu caráter ao mesmo tempo fugaz e eterno, percepção amorosa que nos permite melhor "ver" aquilo que é. Através dessa "descida" do espírito no coração, que não é um movimento espaçotemporal, mas um ato de integração, uma maneira de centrar o pensamento, e ao colocarmos um coração na consciência, nós nos aproximamos do coração do Cristo e do seu olhar "não julgador" sobre todos aqueles que Ele encontrou no seu caminho.

A essa "descida" do espírito nós poderíamos acrescentar a "subida da energia vital" no coração, quer se trate de pulsão genital ou de alguma outra pulsão. O coração é esta faculdade que vai transformar o impulso cego da pulsão em energia de amor. A dimensão animal do homem não é negada, mas é no coração que ela se personaliza. O homem não é apenas um animal dotado de razão, ele é também um animal capaz de amor, ou seja, capaz de respeito, e é no coração que a libido tem acesso a essa dimensão. Se o coração estiver ausente, o amor não passará de atrito entre duas epidermes, um êxtase doloroso entre dois cães e não um encontro entre duas pessoas.

Kyrie eleison

Nessa postura silenciosa, de atenção ao sopro e de presença ao coração, o *stárets* pede que o peregrino invoque o Nome de Jesus.

"Diga no ritmo da sua respiração: Senhor Jesus Cristo, tenha piedade de mim."

Se repetirmos essa fórmula em alguma outra língua, francês ou português, correremos o risco de alterar seu som e sentido. O *Kyrie eleison*, repetido pelos monges do Monte Athos, possui uma outra qualidade sonora e vibratória que o "Senhor tenha piedade" em português. Sabemos da importância que os antigos atribuíam ao som, o estado de alma que ele pode induzir em uma pessoa. Quer seja no canto gregoriano ou no canto bizantino, os antigos observavam o poder dos cantos sagrados tradicionais através dos quais Deus, segundo eles acreditavam, pode transmitir sua energia e operar a transformação do homem. Não aprendemos a cantar lendo um livro. Vemos aí, novamente, a importância da iniciação que apenas o som ou o tom "exato" da invocação pode nos dar.

Apenas conseguiremos observar a diferença de estado no qual podemos estar após termos repetido 1.000 vezes *Kyrie eleison* ou "Senhor, tenha piedade"... Se traduzirmos *Kyrie eleison* por "Senhor, tenha piedade", se formos exatos quanto aos termos, não estaríamos alterando seu sentido pleno? A palavra "piedade" adquiriu uma *nuance* ligeiramente pejorativa na nossa língua. Dizemos "ele me dá pena" com comiseração e podemos vir a recusar a piedade de alguém, sinal de orgulho ou de presunção ou, ainda mais grave, de incapacidade de amar: "não quero sua piedade". Para os antigos, a piedade de Deus é o Espírito Santo, o dom do seu amor. "Senhor, tenha piedade" quer dizer: "Tu que És, envie sobre mim e sobre tudo teu Sopro, teu Espírito e tudo será renovado; que tua misericórdia e tua bondade estejam sobre mim, sobre todos; não olhe para a minha incapacidade de te amar, de respirar em ti; faça florescer meu desejo, transforme meu coração de pedra em coração de carne..."

Ao *Kyrie eleison* acrescentamos normalmente o Nome de Jesus Cristo filho de Deus. Os padres insistem muito sobre a importância do Nome de Jesus na oração, pois seu

Nome é a própria presença do *Théantropos*, de Deus e do homem que, dessa maneira, aproxima-se de nós. Percebemos que Deus não é sem o homem e que o homem não é sem Deus. Nele, Deus e o homem estão indissoluvelmente unidos "sem confusão e sem separação".

No próprio interior dessa invocação do Nome de Jesus pode haver um progresso. Jesus como personagem histórica, "Jesus de Nazaré"; em seguida, como nosso mestre cujos ensinamentos transmitidos ao longo de gerações nos guiam e nos iluminam ainda hoje.

Podemos também nos dirigir a Ele como manifestação de Deus, encarnação da sua palavra, como "Jesus Cristo", aquele que carrega a unção (*christos*) do Vivente, seu filho bem-amado que encarna em gestos e em palavras de humanidade, o Amor incompreensível. Jesus não é mais considerado como um mestre do passado, mas como meu mestre interior, como uma presença íntima que abre constantemente o coração e a inteligência, que evita que eu me feche nos meus limites e meus julgamentos. Eu o chamo como a sede chama a fonte, eu o invoco e, assim, cavo o poço em direção às águas vivas.

Posso, enfim, evocá-lo como o *Logos*, "por Ele tudo existe e sem Ele, nada". Através dessa invocação, eu me aproximo da Luz e da Vida "que iluminam todos os homens" (e não apenas os cristãos). Tento juntar-me a essa inteligência criadora que informa tudo que existe, tento unir-me ao "Amor que faz girar a terra, o coração humano e as outras estrelas".

Mestre histórico, mestre interior ou mestre eterno, Jesus torna-se presente através do seu Nome e "nele, com Ele e através dele", eu entro na intimidade da Fonte.

"Lá onde eu sou, eu quero que vocês também sejam", "o Pai e eu somos um".

A invocação do Nome pode ser feita em voz baixa ou simplesmente em espírito. Sem dúvida, não devemos nos apressar para "orarmos em espírito": ficamos impressionados com o tempo que os antigos passavam recitando a oração "oral" (aliás, a mesma coisa se passa na tradição judaica). Esse é sem dúvida um dos meios mais eficazes para chegarmos a um verdadeiro silêncio dos pensamentos.

A arte da paciência

Essas são as últimas palavras do *stárets*: "seja paciente e repita esse exercício frequentemente".

O artista deve ser paciente, ele deve repetir longamente suas gamas de cores antes de se deixar conduzir pela inspiração.

Muitos gostariam de ser artistas "de uma hora para outra", sem se dar o tempo, por vezes longo e tedioso, de fazer suas gamas de cores... Quantos noviços, no âmbito da oração, não se acreditam "inspirados" quando o Nome de Jesus não está sequer inscrito de maneira habitual no ritmo da sua respiração ou de seu coração. As presunções no campo da oração são sem dúvida mais frequentes por serem dificilmente verificáveis, no entanto, o ouvido de um *stárets* é particularmente atento e reconhece facilmente as "notas desafinadas" que são a inflação e a falta de discrição daqueles que acreditam ter se tornado, em poucos anos, "grandes pessoas espirituais". Muitas vezes são as provações que revelam o ridículo da sua pretensão. Basta uma pequena ferida no seu amor-próprio e sobrará pouca coisa da sua "imensa serenidade".

O *stárets* também insiste sobre a repetição. De um ponto de vista psicológico, já conhecemos o efeito apaziguador que pode ter a repetição de um simples ato. Chega um momento onde o ato se faz "sozinho", sem cansaço...

Ele propõe ao peregrino um "treinamento" progressivo, 3.000 invocações por dia, depois 6.000, em seguida 12.000... Esse aspecto "quantitativo" pode nos chocar. O *stárets* nos lembra que a qualidade da oração não depende de nós, é Deus quem a dá, mas a quantidade é o que podemos oferecer a Deus, "é o tempo que passas cuidando da tua rosa que a torna tão preciosa para ti". A quantidade é aquilo que põe em relevo nossa natureza, nosso esforço, ela não provoca a graça, ela não é a sua causa, mas ela nos coloca em condições perfeitas de não distração para que possamos acolher o anjo quando este passar...

A oração deve ser frequente, pois a perfeição e a correção de nossa oração não dependem de nós. Como diz o Apóstolo Paulo:

"Não sabemos o que devemos pedir (Rm 8,26). Apenas a frequência está ao nosso alcance como meio para chegarmos à pureza, que é a mãe de todo bem espiritual."

Os primeiros efeitos dessa repetição incessante não estão entre os mais agradáveis. Quando deixamos entrar um pouco de luz em um quarto escuro, essa luz nos revela o que pode estar oculto ou em desordem nesse quarto.

O primeiro efeito da luz, após o deslumbramento inicial, é o de revelar a nossa sombra.

Se permanecêssemos no deslumbramento, o trabalho não se realizaria, o quarto do coração não seria transformado. Às vezes preferimos os deslumbramentos à luz para não precisarmos mudar...

Durante toda a semana, sozinho no meu jardim, eu apliquei-me, com muito zelo, a aprender a prece incessante segundo o método do stárets. *No início, eu parecia progredir. Mas, pouco a pouco, eu me sentia entediado. O cansaço e o sono me dominavam e eu me sentia envolvido por uma espessa nuvem de pensamentos. Desolado, fui procurar meu* stárets *e descrevi meu estado. Ele veio afetuosamente em meu auxílio e disse:*

"Isso, meu querido irmão, é a luta do mundo da escuridão contra você; nada lhe é tão assustador quanto a oração do coração e, por essa razão, ela empenha-se em atrapalhar e distrair o aprendizado da oração. Mas o inimigo só faz aquilo que Deus permite e nada mais do que é necessário. Parece que você ainda tem necessidade de uma prova da sua humildade e que é cedo demais para você abrir a porta através do zelo do seu coração: você estaria correndo o risco de cair no egoísmo espiritual."

Graf Durckheim, dentre os critérios do que ele chama de autêntica experiência do Ser, faz notar a "intervenção do inimigo" com tudo aquilo que ela pode ter de realista:

"Curiosamente, a experiência do Ser sempre faz aparecer o seu inimigo. Onde quer que o Ser essencial se manifeste, surge o mundo antagônico. O inimigo é um poder que se opõe ou que destrói a vida desejada por Deus. Quanto mais a orientação rumo ao sobrenatural for clara, tanto mais determinado é o compromisso do homem a seu serviço e tanto mais certeza teremos de que ele encontrará diante de si o inimigo obstinado que quer afastá-lo da via justa. Essa não é uma lenda pia, mas um dado de uma experiência que não pode ser explicada de maneira lógica. Desde que um homem tenha recebido a graça de uma experiência do Ser, algo vem perturbar, nas horas que se seguem, o estado de beatitude para onde a experiência que o liberta e o engaja, o transportara. Não se trata de uma compensação psicológica que, pela lei do equilíbrio, faz a alegria transbordante vir após a depressão ou o estado de tristeza injustificado vir após a exuberância."

O obstáculo

Shatan (Satã) em hebraico quer dizer "obstáculo"; ao mesmo tempo que desperta em nós nosso desejo de união com o Cristo ou com Deus, revela-se também aquilo que faz obstáculo, aquilo que quer impedir essa união. Dentro do pensamento judeu-cristão, *Shatan* não é um deus em face de Deus; o poder do mal e da escuridão que se opõe, como nos esquemas dualistas, ao poder do bem e da luz. *Shatan* é uma criatura, cuja função é a de nos testar, de nos tentar para nos fazer mais fortes ou simplesmente para permitir que tomemos consciência do nosso grau de fé e confiança em Deus.

"Sem os demônios e as ciladas que eles colocam no nosso caminho, nós não conseguiríamos progredir", diziam os antigos Padres do Deserto.

"O inimigo do gênero humano" ainda é chamado, no livro do Apocalipse, de "Acusador de nossos irmãos". No dia em que não houver mais acusadores em nós, também poderíamos dizer "culpabilizadores", para nos julgar ou para julgar nossos irmãos, esse será o sinal de que estaremos "livres do Maligno" e que poderá começar em nós o reino daquele que Gregório de Nissa chamava de "Amigo do gênero humano". O *stárets* chama, igualmente, atenção sobre o risco da "avareza espiritual". São João da Cruz falava da "gula espiritual" daqueles que estão começando. Tanto em um caso como em outro, trata-se de uma certa maneira de se apropriar do dom de Deus, transformar em ter aquilo que é apenas da ordem do ser. O Outro não é uma "coisa" que possuímos, muito menos que reduzimos ao estado de objeto: apenas sua lembrança nos pertence, e o noviço corre o risco de tomar a lembrança ou o pensamento de Deus pelo próprio Deus. A emoção que pode despertar na presença daquele que amamos é menos importante do que a sua presença; o peregrino, nessa etapa do seu caminho, aprende a se desapegar das suas emoções, das suas sensações, dos seus pensamentos, para não idolatrá-los. Tudo que podemos experimentar de Deus é da ordem do eco, sua voz permanece "do outro lado da montanha".

O *stárets* não vai tardar a morrer. Após tê-lo chorado, o peregrino vai descobrir sua presença no interior de si mesmo. Quando ele estiver em dificuldade, ele o interrogará ao pôr do sol e o *stárets* virá ensinar-lhe em sonho, sua presença continuará a guiá-lo; no inconsciente do peregrino, ele tornou-se o "arquétipo do velho sábio" que podemos consultar nos momentos onde um desejo ou uma necessidade intensa se fazem sentir.

A Bíblia e a Filocalia, continuamente citadas pelo *stárets*, serão os únicos companheiros do peregrino e ele continuará, assim, a verificar a autenticidade de suas experiências no espelho da sua tradição.

Passo a passo, a oração segue seu caminho dentro dele. Assim como Abraão, o peregrino "caminha na presença de Deus" e o fato de estar na sua presença, de incessantemente voltar a ele através da invocação, o transforma e o conduz à plenitude. O cristão não é um homem melhor do que os outros, nem mais inteligente, nem mais amoroso, ele apenas caminha com alguém, ele se mantém na sua presença.

É essa presença, mais do que os seus próprios esforços, que o transforma.

A proximidade

Dizem que um casal que envelhece junto acaba se parecendo. O mesmo acontece com a oração: quando vivemos na oração e próximos a Deus, acabamos nos assemelhando a isso, nós nos tornamos aquilo que amamos.

"E assim tenho vivido; recito incessantemente a oração de Jesus que me é mais cara e doce do que tudo no mundo. Às vezes faço mais de setenta verstas[4] *por dia sem sentir que caminhei; sinto apenas que orei. Quando um frio agudo me atravessa, repito minha prece com mais fervor e sinto-me aquecido novamente. Quando a fome começa a me rondar, invoco o Nome de Jesus Cristo ainda mais frequentemente*

---

4. Medida itinerária russa equivalente a 1.067 metros (N.T.).

e esqueço que queria comer. Quando estou doente e minhas costas, minhas pernas e meus braços doem, escuto as palavras da oração e não sinto mais minhas dores.

Se alguém me ofende, penso apenas como a oração de Jesus é doce e benéfica, o ressentimento e a ofensa desaparecem e são esquecidos. Tornei-me um pouco estranho, não tenho mais preocupações, as coisas externas não chamam minha atenção, gostaria de estar sempre sozinho; minha única necessidade é orar, orar sem parar e, quando eu oro, sinto-me repleto de alegria. Deus sabe o que se opera dentro de mim!

Naturalmente, tudo isso não passa de impressões sensíveis ou, como diria o stárets, o efeito da natureza e de um hábito adquirido; mas ainda não ouso dedicar-me ao estudo da oração no interior do coração..."

Alguns poderão pensar, após terem lido esse livro, que a oração é uma espécie de auto-hipnose, ou uma droga psíquica, que nos faz insensíveis à fome, à sede, à dor e aos insultos. O próprio peregrino afirma que ele tornou-se um pouco "estranho". Ele observa, com discernimento, que todos esses efeitos um pouco mágicos e maravilhosos são o resultado de uma boa concentração, "o efeito da natureza e de um hábito adquirido"; não há nada de "sobrenatural" propriamente dito, no sentido de "experiência da graça". Ele observa que ainda não alcançou "a oração espiritual no interior". Todos esses efeitos não devem ser procurados por si mesmos, eles acontecem, e, como tudo que acontece e que chega, eles devem partir. Sem nos apegarmos aos efeitos, devemos atravessá-los, sem, no entanto, rejeitá-los, não ter medo de nos tornarmos um pouco "estranhos" e de nos sentirmos "nesse mundo, mas sem pertencer a esse mundo", despertando, dessa maneira, a uma outra consciência e relativizando o mundo espaçotemporal no qual estamos habituados a viver sensível e racionalmente e que aparece, então, como um "mundo" dentre outros, um plano ou um nível dentre outros planos ou outros níveis da Realidade Una.

Junto a esses fenômenos mais ou menos extraordinários, a oração do coração produz igualmente um certo número de efeitos que o praticante deve ser capaz de reconhecer sem se inquietar: "Uma certa dor no coração" – quando essa dor não são as premissas de um enfarto, pode ser um sinal de que o coração está se abrindo, está se tornando permeável ao "todo outro amor" e isso não acontece sem uma "certa ferida", também mencionada pelos místicos do Ocidente, particularmente por São João da Cruz:

"Ó viva chama do amor que fere com ternura
O centro profundo da minha alma...
Ó suave queimadura
Mão suave, toque delicado
Que tem o sabor da vida eterna..."

Toque substancial de Deus na substância da alma. *Ó mão suave! Ó toque delicado!*

A linguagem do peregrino é menos refinada, mas sua experiência tem ressonâncias com a de São João da Cruz. Após a dor, ele também falará de "um calor agradável e de um sentimento de consolação e paz". Deus fere e cura no mesmo instante, abaixa e ergue, obscurece e ilumina. A viagem do peregrino é, sobretudo, interior, ele visita todas as emoções, as experiências que um ser humano pode viver, tanto as mais agradáveis quanto as mais desagradáveis, "nada do que é humano lhe é estranho" e, no entanto, ele permanece "passante" em tudo isso. Não se fixar no êxtase, não ter complacência no momento do sofrimento, esse é o caminho:

"Sejam passantes" – calor, borbulhar, leveza, alegria, lágrimas – diversas manifestações sensíveis que dão testemunho da "Presença incomparável" do Vivente nele. Ainda mais importante do que essas manifestações é a "compreensão das escrituras" e a experiência da transfiguração.

A transfiguração

"Nessa época, eu também lia minha Bíblia e sentia que começava a compreendê-la melhor; as passagens me eram menos obscuras.

Os Padres têm razão em dizer que a Filocalia *é a chave que descobre os mistérios enterrados contidos na Escritura. Sob sua direção, eu comecei a compreender o sentido oculto da Palavra de Deus; descobri qual o significado das expressões 'o homem interior no fundo do coração, a verdadeira oração, a adoração em espírito, o Reino no interior de nós, a intercessão do Espírito Santo'; compreendi o sentido dessas palavras: 'vocês estão em mim, deem-me seu coração, ser revestido do Cristo, os noivos do Espírito em nossos corações, a invocação* Abba Pai' *e muitas outras. Quando ao mesmo tempo, eu orava no fundo do coração, tudo que me rodeava me aparecia sob um aspecto mágico: as árvores, a grama, os pássaros, a terra, o ar, a luz, tudo parecia me dizer existir para o homem, dando testemunho do amor de Deus pelo homem; tudo orava, tudo entoava glórias a Deus! Compreendi assim o que a* Filocalia *chama de 'conhecimento da linguagem da criação' e vi como é possível conversar com as criaturas de Deus."*

A experiência da transfiguração, junto com a experiência do humilde amor, é uma das características fundamentais da vida hesicasta. No Monte Athos, aprofundando as ideias de Gregório Palamas, insistimos sobre o realismo dessa experiência que é a garantia da nossa ressurreição, participação à luz incriada. N. Kazantsakis observa que temos tendência a "humanizar Deus" e deificar todo homem. Um exemplo, tirado da história da arte, pode nos ajudar a compreender o que pode ser "a perda da teologia das energias divinas no mundo ocidental". O corpo do Cristo e dos santos era outrora representado envolto em uma espécie de "auréola"[5]. Ele estava completamente envolto pela luz. Depois essa luz transformou-se em auréola em volta do rosto, e acabou restringindo-se a uma espécie

---

5. No original em francês: "*Le corps du Christ et des saints étaient représentés autrefois dans la mandorle*". Segundo o Petit Robert, *Mandorle* quer dizer "graça oval na qual aparece o Cristo em toda sua majestade", ou seja, uma graça que não está fora do corpo ou da natureza humana, mas que os envolve e contém (N.T.).

de pequeno pires oval sobre a cabeça do Cristo e dos santos, como se a graça tivesse sido extraída do corpo do homem, não mais se manifestando no seu corpo, mas planando como uma pequena nebulosa sobre sua cabeça.

O peregrino vê o mundo transfigurado, ou seja, lhe é revelada "a chama das coisas", o mundo não mudou, são seus olhos que, através da oração, abriram-se e tornaram-se capazes de ver "a glória de YHWH" no corpo do mundo. A glória de Deus, dentro do pensamento judaico-cristão, evoca uma experiência de peso, de luminosa densidade. Para nós, muitas vezes a glória não passa de fama – tradução, sem dúvida, do *dignitas* dos romanos, o poder de uma "aparência". Contudo, para um semita, a glória de um ser era sua realidade fundamental.

"A terra e os céus dão testemunho da glória de Deus" (Sl 19,2). Isso significa que o Incriado está presente através das energias. Perdemos a visão do "corpo energético" da terra, vemos apenas seu corpo material. O peregrino, através da vibração do seu coração desperto pela invocação, tem novamente acesso a essa visão, que foi a visão de Moisés quando estava defronte à sarça ardente:

"Eu vi a chama na sarça"
e na chama a voz do Outro que diz:
"Eu Sou"

A sarça, a chama, "Eu Sou", não é a experiência de um mesmo olhar da natureza, da energia e da essência transcendente à sua manifestação? Ela não é também a experiência dos discípulos no dia da transfiguração? A liturgia bizantina nos diz que seus olhos tornaram-se capazes de vê-lo "Tal qual ele é": em seu corpo físico, em seu corpo de luz, na sua relação com o Ser que afirma: "Eis aqui o meu filho", o que, em linguagem metafísica, podemos traduzir por: eis aqui a minha manifestação, minha energia. Os apóstolos contemplam então "o visível e o Invisível", eles ouvem "o Nome do Inominável", eles tocam ou, melhor, eles são tocados por "aquele que habita em uma luz inacessível".

A seu tempo, o peregrino entra nesta experiência da transfiguração que é o objetivo da meditação hesicasta. Ele está, enfim, feliz, e uma parte da sua felicidade chega até nós: *"Essa felicidade iluminava não apenas o interior da minha alma; o mundo exterior também me aparecia sob um aspecto encantador, tudo me convidava a amar e a louvar Deus; os homens, as árvores, as plantas, os animais, tudo me era familiar e, onde quer que eu olhasse, eu via a imagem do Nome de Jesus Cristo. Às vezes, eu me sentia tão leve que eu acreditava não ter mais um corpo e estar suavemente flutuando no ar; em outras ocasiões, eu entrava completamente dentro de mim mesmo, eu podia claramente ver meu interior e apreciava o edifício admirável do corpo humano".*

Estamos aqui na presença de uma espiritualidade que não está desencarnada e cujo problema não é "como sair desse baixo mundo e desse corpo de podridão", mas como deixar descer a chama do Pentecostes em todos os elementos do nosso universo perecível, como apressar a transfiguração do mundo.

"Venha, Senhor Jesus", envie teu Espírito, que a terra se renove!"

A via do peregrino não se opõe às preocupações sociais ou ao desejo de justiça do homem contemporâneo, ela nos lembra simplesmente que uma mudança de sociedade sem uma mudança de coração por parte do homem é, a médio ou longo prazo, destinada ao fracasso e o coração do homem só pode mudar se ele se sentir, ao menos uma vez, animado, infinitamente amado e se ele consentir nesse Amor que pode libertá-lo da sua vaidade e das suas vontades de poder, pois ele descobriu seu peso de luz, raio de energia extraviado na natureza, ele sabe que está ligado, junto com todos os outros, a um "Único sol". Devemos, então, caminhar, permanecer peregrinos e *"introduzir na opacidade da noite a claridade do dia"*.

Advertência

Certo número de asteriscos relativos aos nomes próprios ou aos nomes em russo ou grego, não traduzidos, assim como certas noções teológicas, nos enviam ao léxico e à cronologia que acompanham esses relatos (no fim do volume).

O conjunto, junto com a introdução, pode constituir uma primeira abordagem, ao mesmo tempo leve, séria e documentada, da tradição hesicasta e do cristianismo ortodoxo.

Primeiro relato

Pela graça de Deus, sou um homem cristão; pelas minhas ações, um grande pecador; pela minha condição, um peregrino sem lar da mais humilde origem, sempre errando de lugar em lugar. Esses são meus bens: nas costas carrego uma mochila com pão seco e, junto ao meu peito, a Santa Bíblia; isso é tudo.

Na vigésima quarta semana após Pentecostes fui a uma igreja para ali dizer minhas orações durante a liturgia[I].* No momento da minha chegada, estavam lendo uma passagem da Primeira Epístola de São Paulo aos Tessalonicenses, que dizia: *"Orai sem cessar"*[6]. Essas palavras ficaram profundamente gravadas no meu espírito. Comecei a me perguntar como é possível orar incessantemente, pois o homem precisa ocupar-se de outras coisas para garantir sua subsistência. Procurei na Bíblia e li com meus próprios

---

* A numeração romana remete à seção "Glossário e comentários".

6. Essa expressão é tirada da exortação que fecha a Primeira Carta de São Paulo aos Tessalonicenses (5,17): "Rogamo-vos, irmãos, tenhais consideração para com aqueles que trabalham entre vós e são vossos chefes, no Senhor, e vos admoestam: tende para com eles uma grande estima e caridade, em razão do seu trabalho. Conservai a paz entre vós. Rogamo-vos, irmãos: admoestai os preguiçosos, encorajai os pusilânimes, sustentai os fracos, sede pacientes para com todos. Sede sempre alegres. Orai sem cessar. Em todas as circunstâncias, rendei graças, pois esta é a vontade de Deus a vosso respeito, em Cristo Jesus. Não extingais o Espírito. Não desprezeis as profecias. Mas, examinai tudo: o que é bom, conservai-o. Abstende-vos de toda a espécie de mal".

olhos aquilo que tinha ouvido: *"É preciso orar sem cessar"*, *"orar em Espírito a cada momento"* (Ef 6,18) e *"que os homens rezem, onde quer que estejam, levantando para o céu mãos puras, sem ira e sem contenda"* (1Tm 2,8). Refleti muito sobre essas palavras, mas não sabia o que pensar a respeito.

"O que devo fazer?, pensei. Onde encontrarei alguém que me explique essas palavras? Visitarei todas as igrejas onde houver pregadores conhecidos; lá encontrarei, talvez, o que procuro." E, assim, coloquei-me a caminho. Ouvi vários excelentes sermões sobre a oração, mas eles eram apenas instruções sobre a prece de uma maneira geral: o que é a oração, o quanto ela nos é necessária, quais são seus frutos – mas nada foi dito sobre como chegar à verdadeira oração. Ouvi um sermão sobre a oração em espírito e sobre a oração perpétua, contínua e ininterrupta, mas não indicaram como era possível chegar a esse estado. Não obtive o que buscava; parei, portanto, de ouvir os sermões e decidi, com a ajuda de Deus, procurar um homem que fosse experiente e sábio e que pudesse me explicar esse mistério[II] que atraía meu espírito de forma tão irresistível.

Durante um longo tempo, caminhei por diversos lugares. Lia sempre minha Bíblia e em todo lugar inquiria se não haveria nas proximidades um guia espiritual sábio e piedoso.

Em certa ocasião, disseram-me que, há vários anos, vivia em uma propriedade no campo um senhor que levava uma vida pia e devota em busca da salvação da sua alma. Ele tinha uma capela na sua casa, jamais saía, orava sempre e lia constantemente livros piedosos.

Ao ouvir essas palavras, ao invés de andar, corri o mais rápido possível até o vilarejo para encontrar-me com o proprietário.

"O que o fez vir até mim?", perguntou.

"Ouvi dizer que o senhor é um homem de discernimento[III] e temente a Deus. Em nome de Deus, rogo-lhe que me explique o que se esconde sob as palavras do Apóstolo: *'Orai sem cessar'*. Como é possível orar incessantemente? Isso é o que eu mais desejo saber, mas não consigo entender o que essas palavras querem dizer."

O senhor permaneceu em silêncio, fitou-me durante longo tempo e depois disse: "A oração interior, contínua e perpétua, é um esforço incessante do espírito humano para chegar até Deus. Para progredirmos e termos sucesso nesse exercício inspirador, devemos rogar a Deus que nos esclareça como fazê-lo. Ore mais e com mais fervor: a própria oração vai revelar-lhe de que maneira ela pode se tornar uma prece perpétua; mas isso demora algum tempo".

Após ter dito essas palavras, ele me ofereceu comida, deu-me algum dinheiro para a viagem e despediu-se sem dizer mais nada a respeito.

Retomei meu caminho pensando, lendo e refletindo sobre aquilo que o homem tinha dito, mas não consegui aprofundar suas palavras. Eu tinha tanta vontade de compreender o que significava "orar sem cessar" que, à noite, eu mal conseguia fechar os olhos.

Devo ter percorrido cerca de duzentas *verstas* quando cheguei a uma grande cidade, capital da província, onde se encontrava um monastério. Na hospedaria onde parei, ouvi dizer que o abade do monastério era um homem de grande bondade, caridoso e hospitaleiro. Fui ao seu encontro. Ele me recebeu amigavelmente, convidou-me para sentar e serviu-me alguns refrescos.

"Santo Pai", eu disse, "sua hospedagem não me é necessária. Gostaria, entretanto, que o senhor me desse um ensinamento espiritual: como posso salvar a minha alma?"[7]

"Como salvar a sua alma? Siga os mandamentos, faça suas orações a Deus, e, assim, será salvo."

"Eu escutei que devemos orar continuamente, mas não sei como orar sem cessar e, na verdade, não consigo sequer compreender como isso é possível. Eu lhe rogo, meu pai, esclareça-me essa questão!"

"Querido irmão, eu não sei como posso explicar-lhe... Mas, espere! Tenho um livrinho onde tudo isso é explanado mais precisamente."

Ele me estendeu o livro de São Dimitri[IV], *A educação espiritual do homem interior*, dizendo: "Leia aqui, nessa página".

Estava escrito: "As palavras do Apóstolo '*orai sem cessar*' devem ser compreendidas como uma referência à oração feita com inteligência, pois a inteligência pode, de fato, estar sempre mergulhada em Deus, orando sem cessar para Ele".

"Explique-me como a inteligência pode estar constantemente mergulhada em Deus, sem jamais distrair-se e orando incessantemente?"

"Isso é, sem dúvida, bastante difícil e só pode ser realizado com o auxílio de Deus", disse-me ele. Isso foi tudo; ele nada me explicara.

Passei a noite na abadia; no dia seguinte, agradeci sua amável hospitalidade e coloquei-me novamente a caminho, sem saber direito para onde ir. Eu sentia-me triste pela minha falta de compreensão e, para consolar-me e ale-

---

7. Essa é a questão tradicional que os discípulos colocam a seu mestre nos monastérios do Oriente, fazendo eco à passagem de Mt 19,16: *"Que bem farei, para conseguir a vida eterna?"*

grar meu coração, eu lia e relia a Santa Bíblia. Caminhei dessa maneira durante cinco dias ao longo da estrada principal. Finalmente, no anoitecer do quinto dia, encontrei um homenzinho idoso que tinha o aspecto de um eclesiástico. Ao lhe perguntar a respeito, ele me respondeu que era um monge *skhima*[8] que morava no eremitério de um monastério afastado, situado há dez *verstas* da estrada principal. Ele me convidou a visitá-los.

– Recebemos peregrinos entre nós, disse ele. Nós cuidamos deles e lhes damos do que comer no nosso albergue.

Eu não tinha nenhuma vontade de ir para lá; portanto, respondi:

– Meu descanso e minha tranquilidade não dependem de um alojamento, mas de um ensinamento espiritual; não procuro alimento, tenho pão seco suficiente na minha mochila.

– Que tipo de ensinamento você procura e o que você busca compreender melhor? Venha, querido irmão, junte-se a nós! Temos, entre nós, alguns *stártsi*[9] experientes

---

8. Monge *skhima*: monge que professou seus votos solenes ou definitivos, o que corresponde, mais ou menos, ao monge professo do sistema monástico ocidental. No regime monástico russo, o monge era primeiro um noviço, depois um *ryassaphor*, aquele que veste a batina (as vestes monásticas chamadas *ryassa*) e, por fim, um monge *skhima*, aquele que traje vestes suplementares, chamadas *skhima* (esquema), uma espécie de capa ou manto.

9. Na Igreja Ortodoxa Russa, a palavra *stárets* (*startsi* no plural) designa um monge que, repleto da luz do Santo Espírito, serve de guia no caminho da perfeição. O *stárets* pode ser padre, mas esse nem sempre é o caso; ele pode receber a incumbência de dirigir um monastério, mas isso não é frequente e, normalmente, não é desejável; seu papel é o de viver uma experiência espiritual para que os outros sintam nele a presença de Deus. Essa tradição antiga de ajuda espiritual conheceu um imenso despertar na época do peregrino. Ao longo de todo o século XIX, até a Revolução Russa, *startsi* influentes e carismáticos marcaram a vida russa, brilhando para além dos muros de seus monastérios (N.T.).

que poderão guiar sua alma e indicar-lhe a verdadeira via à luz da palavra de Deus e dos ensinamentos dos Santos Padres"[10].

– Pois bem, meu pai, há cerca de um ano ouvi, durante a liturgia, o mandamento do Apóstolo que diz: *Orai sem cessar*. Sem saber o que fazer para compreender essas palavras, eu apliquei-me à leitura da Bíblia. E lá também, em muitas passagens, encontrei esse mandamento de Deus: é preciso orar sem cessar, sempre, em todos os lugares, em todos os momentos, não apenas durante os trabalhos quotidianos ou quando estamos despertos, mas até mesmo durante o sono: *"Durmo, todavia meu coração está vigilante"* (Ct 5,2). Fiquei muito surpreso ao ouvir essas palavras e não consegui entender como é possível realizar tal coisa, nem quais são os meios para alcançar esse estado. Senti despertar em mim um violento desejo e curiosidade: dia ou noite, essas palavras não me saem mais do espírito. Foi assim que comecei a frequentar as igrejas – ouvi vários sermões sobre a oração, mas, apesar de eles serem belos de serem ouvidos, eu não consegui aprender como orar incessantemente. Todos esses sermões falavam sobre a preparação à oração ou sobre seus frutos, sem ensinar como orar sem cessar, nem o que isso significa. Li a Bíblia frequentemente e lá reencontrei essas palavras; no entanto, ainda não alcancei a compreensão que desejo. Desde essa época, sinto-me inquieto e incerto.

---

10. Os Santos Padres ou Padres da Igreja são autores cristãos da Antiguidade, caracterizados pela pureza de sua doutrina ou pela santidade da sua vida. Suas palavras são particularmente reverenciadas pelos ortodoxos, assim como por outros cristãos. Não existe critério oficial que permita julgar uma pessoa para que ela seja digna de carregar o nome de "Padre" (ou Pai), mas esse título pode, indubitavelmente, ser aplicado a todos os autores mencionados na *Filocalia* e nos *Relatos de um peregrino russo* (Nota da edição francesa).

O *stárets* fez o sinal da cruz e tomou da palavra:

– Agradeça a Deus, querido irmão, por Ele ter despertado em você esse desejo inexpugnável de conhecer a prece interior perpétua! Reconheça nisso o chamado de Deus e tranquilize-se. A aquiescência da sua vontade à palavra divina já foi suficientemente provada; foi-lhe dado compreender que não é através da sabedoria desse mundo nem através de um vão desejo de obter conhecimentos que somos conduzidos à luz celeste – a oração interior perpétua – mas, pelo contrário, é pela carência do espírito e pela experiência ativa na simplicidade do coração que chegamos a ela. Não me surpreende que você não tenha compreendido a profundidade do ato de orar e que você não tenha conseguido aprender como chegar a essa atividade perpétua. Na verdade, muito é preconizado sobre a oração e existem a esse respeito diversas obras que foram escritas recentemente, mas todos os julgamentos de seus autores estão baseados na especulação intelectual, nos conceitos da razão natural e não na experiência alimentada pela ação. Eles falam mais sobre os atributos da oração do que sobre a sua essência[V]. Um pode explicar muito bem por que devemos orar; outro fala do poder e dos efeitos benéficos da oração; um terceiro, das condições necessárias para bem realizar a prece, ou seja, é preciso ter zelo, atenção, calor do coração, pureza de espírito, humildade[VI], arrependimento para realmente podermos começar a orar. Mas raramente encontramos pregadores contemporâneos que falem sobre o que é a oração e como podemos aprender a orar – essas questões essenciais e fundamentais –, pois essas explicações são mais difíceis de serem dadas do que todas suas explicações; elas pedem não um saber escolar, mas um conhecimento místico. E, o que é ainda mais triste, essa sabedoria elementar e vã faz com que meçamos Deus através de medidas humanas. Muitos cometem um grande erro ao pensar que os meios preparatórios e as boas ações engendram a oração, quando, na verdade, a própria oração é a fonte das obras e das virtudes. Eles confundem os frutos ou as consequências da oração com os meios para chegar até ela, diminuindo assim sua força. É um ponto de vista completamente oposto ao da Escritura: o Apóstolo Paulo fala da seguinte maneira da oração: *"Antes de tudo, exorto a que se façam orações, pedidos, súplicas e ações de graças por todos os homens"* (1Tm 2,1).

Assim, o Apóstolo Paulo coloca a oração acima de tudo: *"Antes de tudo, exorto a que se façam orações"*. O cristão deve fazer muitas boas obras, mas a obra da oração está acima de todas as outras, pois, sem ela, nada de bom pode acontecer. Sem a oração frequente é impossível achar a via que nos conduz ao Senhor, é impossível conhecer a verdade, crucificar a carne com suas paixões e desejos, ter o coração iluminado pela luz do Cristo e unir-se a Ele. É impossível acender a luz do Cristo no seu coração ou tornar-se um bem-aventurado, unido a Deus. Nada disso pode acontecer sem a oração contínua. A perfeição da nossa oração não está em nosso poder, pois o Apóstolo Paulo diz: *"Porque não sabemos o que havemos de pedir como convém"* (Rm 8,26). O único poder que nos foi deixado foi o de orar frequentemente, como meio para chegarmos à pureza da oração que é a mãe de todo bem espiritual. *Conquiste a mãe e terás uma descendência*, disse Santo Isaac o Sírio[VII], ensinando que é preciso adquirir primeiro a oração para depois poder colocar em prática todas as outras virtudes. Mas aqueles que não são familiares à prática e aos ensinamentos misteriosos dos Padres conhecem mal essas questões e pouco falam a respeito.

Assim conversando, nós não percebemos que chegáramos à ermida. Para não me separar do sábio *stárets* e para realizar meu desejo o mais rápido possível, apressei-me em dizer-lhe:

– Eu lhe rogo, reverendo padre, ensine-me o que é a oração interior perpétua e como podemos aprendê-la. Vejo que o senhor é versado nesse assunto e que possui uma vasta experiência.

O *stárets* acolheu meu pedido bondosamente e convidou-me para acompanhá-lo:

– Venha comigo, eu lhe darei um livro dos Santos Padres que permitirá que você compreenda claramente o que é a oração e como aprendê-la, com a ajuda de Deus.

Entramos na sua célula e o *stárets* dirigiu-me as seguintes palavras:

– A oração de Jesus[VIII], interior e constante, é uma invocação contínua e ininterrupta do Divino Nome de Jesus feita com os lábios, o coração e a inteligência, sentindo sua presença em todos os lugares e em todos os momentos, mesmo durante o sono. Ela se expressa através dessas palavras: Senhor Jesus Cristo, tenha piedade de mim![11] Aquele que se acostuma a esse chamado experimenta uma consolação tão grande e uma tal necessidade de sempre repetir essa oração que ele não consegue mais viver sem pronunciá-la e ela ressoa no seu interior por si só. Você entende agora o que é a oração perpétua?

– Entendo perfeitamente, meu Pai! Em nome de Deus, ensine-me como alcançá-la, exclamei cheio de alegria.

– Nós aprenderemos a maneira como chegar à oração perpétua com a ajuda desse livro, a *Philokalia*[IX], que contém uma descrição exata e detalhada sobre essa ciência, explicada por vinte e cinco santos Padres. Esse livro é tão útil e tão perfeito que ele é considerado como o guia essencial da vida contemplativa. Como diz o Bem-aventurado Nicéforo, a *Filocalia* nos conduz à salvação sem sofrimento e sem dor.

---

11. *Kyrie eleison*. Cf. Prefácio de Jean-Yves Leloup (N.T.).

– Então ela é mais sublime e santa do que a Bíblia?, perguntei.

– Não. Ela não é nem mais sublime nem mais santa do que a Bíblia, mas ela contém todos os luminosos esclarecimentos daquilo que, devido a fraqueza do nosso espírito, nos aparece coberto de mistério; a grandeza da Bíblia é de difícil compreensão ao nosso míope espírito. Vou lhe dar um exemplo: O sol é um astro majestoso e soberbo, mais brilhante do que tudo que existe, mas não podemos contemplá-lo a olho nu. Para podermos contemplar e admirar o astro-rei, devemos nos servir de um pedaço de vidro artificial que é milhões de vezes menor e mais escuro do que o sol – mas é através desse pequeno pedaço de vidro que podemos admirar e suportar seus raios chamejantes. A Santa Escritura também é um sol resplandecente e esse livro, a *Filocalia*, é o pedaço de vidro que utilizamos para poder contemplar o augusto astro. Escute! Vou ler algumas passagens".

Ele abriu o livro, escolheu uma passagem de São Simeão o Novo Teólogo[x] e começou a ler:

– Sente-se sozinho e em silêncio. Incline a cabeça, feche os olhos, respire suavemente e imagine que está olhando para dentro do seu coração. Faça sua mente, ou seja, seus pensamentos, passar da sua cabeça ao seu coração. Respire e diga: "Senhor Jesus Cristo, tenha piedade de mim!" Pronuncie essas palavras em voz baixa, movendo suavemente os lábios, ou pronuncie-as, simplesmente, em espírito. Tente afastar todos os outros pensamentos. Esteja tranquilo, seja paciente e repita essa frase tanto quanto puder".

O *stárets* explicou-me tudo isso utilizando vários exemplos. Nós lemos ainda várias passagens de São Gregório o Sinaíta, do Bem-aventurado São Calisto e de Santo Inácio, entre outros. O *stárets* utilizava seus próprios termos para explicar-me tudo que líamos. Eu escutava maravilhado e procurava guardar cada palavra na minha memória para lembrar-me de tudo mais tarde, em seus mínimos detalhes.

Dessa maneira, passamos juntos a noite e fomos às matinas[12] sem termos fechado os olhos. Abençoando-me, o *stárets* despediu-se de mim dizendo que, durante meu estudo da oração, eu deveria sempre vir procurá-lo para confessar-me com franqueza e simplicidade do coração, pois é inútil aplicar-se à obra espiritual sem ter um guia.

Na igreja, senti brotar em mim um fervor ardente que me impelia a estudar com todo o zelo a oração interior perpétua; roguei a Deus que viesse em meu auxílio, pois seria difícil ir ver o *stárets* para me confessar ou pedir seus conselhos. Não poderia ficar mais do que três dias na hospedaria do monastério e não havia nenhuma moradia nos arredores do eremitério... Felizmente, soube que havia um vilarejo situado há quatro *verstas* do monastério. Encaminhei-me para lá e, para minha grande felicidade, Deus permitiu que eu achasse aquilo que necessitava: um camponês contratou-me para passar o verão trabalhando como vigia da sua plantação e ofereceu-me como moradia uma pequena cabana nos fundos da sua horta. Foi assim que comecei a estudar a oração interior através dos métodos indicados pelo *stárets*, indo visitá-lo frequentemente.

Durante toda a semana, sozinho no meu jardim, eu apliquei-me ao estudo da prece interior seguindo exatamente os conselhos do *stárets*. No início, tudo parecia correr bem. Mas, pouco a pouco, um grande peso, uma enorme preguiça, tédio e um sono insuportável começaram a

---

12. Ofício matinal na igreja, faz parte do ciclo quotidiano do serviço religioso monástico, que normalmente acontece entre três e nove horas. As noites que precediam os dias de festa ou a noite de sábado eram célebres na Rússia, prática que continua até os dias de hoje (N.E.F.).

tomar conta de mim e os pensamentos abateram-se sobre mim como uma espessa nuvem. Cheio de tristeza, fui procurar o meu *stárets* e descrevi-lhe meu estado. Ele me recebeu com bondade e disse:

– Isso, meu querido irmão, é a luta do mundo das trevas contra você, pois nada lhe é tão assustador quanto a oração do coração e, por essa razão, ele empenha-se em atrapalhar e fazer com que você sinta aversão pela prece. Mas o inimigo age apenas segundo a vontade e a permissão de Deus, na medida em que nos é necessário. Sem dúvida ainda é preciso colocar à prova sua humildade: é cedo demais para alcançar o umbral do seu coração através de um zelo excessivo, pois você estaria correndo o risco de cair na avareza espiritual. Eu vou ler para você o que a *Filocalia* recomenda em tais casos.

O *stárets* abriu o livro nos ensinamentos do venerável Nicéforo o Solitário[XI] e leu:

"Se, apesar dos seus esforços, querido irmão, você não conseguir entrar na região do seu coração como eu lhe recomendei, faça o que eu digo e, com a ajuda de Deus, você achará aquilo que procura.

Você sabe que a razão de todo homem reside em seu peito... Eleve todos seus pensamentos a essa razão (você pode fazê-lo se quiser) e repita: 'Senhor Jesus Cristo, tenha piedade de mim'. Esforce-se para substituir todos os seus pensamentos por essa invocação interior e, a longo termo, isso irá abrir o umbral do seu coração – assim nos ensinou a prática."

– Eis o que os Santos Padres nos ensinam nesse caso, disse o *stárets*. É por esta razão que você deve aceitar esse mandamento e recitar, tanto quanto possível, a oração de Jesus. Eis aqui um rosário[XII] com o qual você poderá realizar, no início, três mil orações por dia. Em pé, sentado, deitado ou caminhando, diga sem parar: Senhor Jesus Cristo, tenha piedade de mim! Repita essa frase suavemente e sem pressa, recite-a exatamente três mil vezes ao dia, sem aumentar ou diminuir o número de repetições. Dessa maneira você chegará à atividade perpétua do coração.

Recebi com alegria as palavras do *stárets*. Empenhei-me em cumprir fiel e exatamente aquilo que ele tinha me ensinado. Nos dois primeiros dias, senti alguma dificuldade, mas, em seguida, a oração me veio aos lábios de maneira tão fácil e espontânea que, quando eu parava, sentia necessidade de recomeçar imediatamente e ela fluía com facilidade e leveza, sem o menor sinal do constrangimento que eu sentira no início.

Contei isso ao meu *stárets*, que me mandou recitar seis mil orações por dia, dizendo:

– Fique tranquilo e esforce-se apenas em recitar fielmente o número prescrito de orações; Deus vai conceder-lhe sua graça[XIII].

Durante uma semana inteira, eu permaneci na minha cabana solitária recitando a cada dia minhas seis mil orações, sem me preocupar com mais nada e sem ter que lutar contra os meus pensamentos; eu procurava apenas observar o mandamento do *stárets*. E o que aconteceu? Eu me habituei de tal maneira à oração que se eu parasse um instante sequer, sentiria um vazio, era como se tivesse perdido alguma coisa. Assim que eu recomeçava, me sentia novamente leve e alegre. Se eu encontrasse alguém, eu não sentia a menor vontade de começar a conversar; tudo que eu desejava era estar sozinho e recitar minha oração.

Fiquei sem ver o meu *stárets* durante dez dias. No décimo-primeiro dia ele veio, pessoalmente, procurar-me e eu lhe contei como as coisas estavam caminhando. Após ter me escutado, ele disse:

– Agora você está habituado à oração. Conserve esse hábito e fortaleça-o; não perca o seu tempo e, com a ajuda de

Deus, tome a decisão de recitar a oração doze mil vezes ao dia. Permaneça na solidão, acorde um pouco mais cedo, durma um pouco mais tarde e venha me ver duas vezes por mês.

Aceitei as ordens do *stárets*; no primeiro dia, já era tarde da noite quando acabei de recitar as doze mil orações. O segundo dia foi mais fácil e executei minha tarefa com prazer. No início, essa repetição incessante da oração me fez sentir um pouco de fadiga; minha língua parecia estar endurecida e senti uma espécie de rigidez nos meus maxilares, mas essas sensações não eram desagradáveis. Em seguida, senti um ligeiro mal-estar no palato e no polegar da mão esquerda com o qual eu contava as contas do rosário, enquanto certo calor subia até o cotovelo; essa sensação era deliciosa. Isso apenas me estimulou a recitar ainda melhor a prece. Assim, durante cinco dias, eu executei fielmente as doze mil orações e, ao mesmo tempo que ia adquirindo o hábito, também desenvolvi o gosto e a atração pela oração.

Uma bela manhã, quando ainda era bastante cedo, fui despertado pela oração. Comecei a recitar minhas preces habituais matinais, mas minha língua se embaralhava, recusando-se a pronunciá-las de maneira exata e correta; meu único desejo era o de recitar a oração de Jesus. Assim que me dediquei à oração, senti-me alegre, meus lábios e minha língua pronunciavam as palavras por si só, sem a minha ajuda. Passei o dia sentindo grande satisfação, era como se eu estivesse separado de tudo e vivesse em um outro mundo. Antes do anoitecer, já tinha terminado com facilidade as doze mil orações. Eu muito teria querido continuar, mas não ousava exceder o número indicado pelo *stárets*. Nos dias seguintes, continuei a invocar o Nome de Jesus Cristo com facilidade, sem me deixar distrair.

Fui ver o *stárets* e contei-lhe tudo detalhadamente. Ao terminar meu relato, ele disse:

– Deus concedeu-lhe o desejo de orar e a possibilidade de fazê-lo sem sofrimento. Esse é um efeito natural, decorrente do exercício e da aplicação constantes; é como uma máquina que continua funcionando sozinha após ter recebido o primeiro impulso, no entanto, para que ela se mantenha em movimento, é necessário engraxá-la e acioná-la novamente. Agora você percebe com quantas excelentes qualidades Deus, amigo dos homens, dotou nossa natureza sensível; você conheceu as sensações extraordinárias que podem brotar mesmo na alma pecadora, na natureza impura que ainda não foi iluminada pela graça. Mas quanta perfeição, alegria e encantamento aguardam o homem quando o Senhor concede revelar-lhe a oração espiritual espontânea e purifica sua alma das paixões! É um estado indescritível e a revelação desse mistério é um antegozo da doçura celeste. É o dom concedido àqueles que buscam o Senhor na simplicidade de um coração que transborda de amor![XIV]

De agora em diante, eu lhe dou a permissão para recitar a oração quantas vezes quiser; tente consagrar todo o tempo em que você estiver acordado à oração e invoque o Nome de Jesus Cristo inúmeras vezes, submetendo-se humildemente à vontade de Deus, aguardando seu auxílio. Ele não o abandonará e guiará o seu caminho.

Obedeci a essa regra e passei todo o verão recitando sem cessar a oração de Jesus, sentindo uma grande tranquilidade. Muitas vezes eu sonhava que me abandonava à oração. Ao longo do dia, se porventura encontrasse alguém, todos me eram tão caros como se pertencessem à minha família, mas eu não passava muito tempo com eles. Os pensamentos tinham se apaziguado e eu vivia apenas com a oração; comecei a escutá-la e, em certas ocasiões, meu coração sentia por si só uma grande alegria e calor. Quando ia à igreja, as longas missas pareciam-me curtas e não me cansavam mais como antes. A cabana solitária me parecia um esplêndido palácio e eu não tinha palavras para agradecer a Deus por ter enviado a mim, pobre pecador, um *stárets* cujo ensinamento era tão benéfico.

Mas eu não pude desfrutar durante muito tempo das lições do meu sábio e bem-amado *stárets* – ele faleceu no final do verão. Despedi-me dele com lágrimas, agradecendo-o pelos seus ensinamentos paternos. Pedi que ele me deixasse, como bênção e lembrança, seu rosário, com o qual ele orava todos os dias. E, dessa maneira, fiquei sozinho. O verão chegou ao fim, os frutos foram colhidos do jardim. Não tinha mais onde viver. O camponês deu-me dois rublos de prata como salário, encheu minha mochila de pão para a estrada e retomei minha vida errante; mas eu não vivia mais na carência como outrora. A invocação do Nome de Jesus Cristo alegrava o meu caminho e todos me tratavam com bondade; parecia que todos tinham começado a me amar.

Um dia, peguei-me perguntando o que faria com os rublos ganhos com o meu trabalho. Em que eles poderiam me ser úteis? Sim! Pois bem, não tenho mais o meu *stárets* ou outra pessoa para me guiar; vou comprar um exemplar da *Filocalia* e ali aprenderei a oração interior. Fiz o sinal da cruz e segui meu caminho orando. Cheguei à capital da província e comecei a procurar a *Filocalia* nas livrarias. Encontrei um volume, mas o vendedor queria três rublos e eu tinha apenas dois. Negociei durante longo tempo, mas ele não quis fazer nenhum abatimento. Por fim, ele me disse:

– Vá àquela igreja e procure o sacristão; ele possui um velho exemplar desse livro; talvez ele o venda por dois rublos.

Para lá me dirigi e, de fato, comprei, em troca dos meus dois rublos, um exemplar muito velho e usado da *Filocalia*. Fiquei muito contente e reparei meu livro tanto quanto possível. Eu o envolvi em um pedaço de pano e o guardei, junto com a minha Bíblia, em um bolso sobre o meu peito.

E assim vou caminhando, recitando sem parar a oração de Jesus, que me é mais cara e doce do que tudo no mundo. Às vezes faço setenta *verstas* por dia sem sentir que caminhei; sinto apenas que orei. Quando um frio agudo me atravessa, repito minha prece com mais fervor e sinto-me novamente aquecido. Quando a fome começa a me rondar, invoco ainda mais vezes o Nome de Jesus Cristo e esqueço que tinha fome. Quando estou doente e minhas costas, minhas pernas e meus braços doem, escuto as palavras da oração e não sinto mais minhas dores. Se alguém me ofende, basta eu pensar como é doce a oração de Jesus, para que o ressentimento e a ofensa desapareçam e sejam esquecidos. Tornei-me um pouco estranho, não tenho mais preocupações, as coisas externas não chamam mais a minha atenção, gostaria de estar sempre sozinho; minha única necessidade é orar, orar sem parar e, quando oro, sinto-me repleto de alegria. Deus sabe o que se opera dentro de mim!

Naturalmente, tudo isso não passa de impressões sensíveis ou, como diria o *stárets*, o efeito da natureza e de um hábito adquirido; mas ainda não ouso dedicar-me ao estudo da oração no interior do coração[XV], para isso sou indigno e tolo demais. Aguardo o momento escolhido por Deus e confio na oração do *stárets*! Assim sendo, ainda não cheguei à oração espiritual do coração, espontânea e perpétua; mas, graças a Deus, agora compreendo claramente as palavras do Apóstolo: *"Orai sem cessar"*.

Segundo relato

Viajei durante longo tempo por muitos países[XVI], na companhia da oração de Jesus que me fortalecia e consolava em todos os caminhos, em todos os momentos e em todos encontros. Acabei sentindo que seria melhor parar em algum lugar onde pudesse estar sozinho e estudar a *Filocalia*, que eu só conseguia ler à noite, quando parava para repousar, ou durante o descanso do meio-dia. Desejava ardentemente mergulhar mais profundamente em sua leitura para poder beber da doutrina verdadeira da salvação da alma através da oração do coração.

Eu gostaria de achar algum trabalho manual para satisfazer esse desejo, mas, infelizmente, eu nada achei, pois, desde a minha tenra infância, eu tinha perdido o uso do meu braço esquerdo. Dada a impossibilidade de me fixar em algum lugar, eu me dirigi à Sibéria para ir visitar o túmulo de Santo Inocêncio de Irkoutsk[XVII]. Eu acreditava que, ao caminhar pelas estepes e florestas da Sibéria, encontraria um maior silêncio e poderia me aplicar com mais dedicação à leitura e à oração. Foi assim que parti, recitando sem parar a oração.

Decorrido algum tempo, senti que a própria oração passava dos meus lábios ao meu coração, ou seja, as batidas do meu coração começavam a recitar por si só as palavras da oração. Por exemplo: 1- Senhor, 2- Jesus, 3- Cristo, e assim por diante... Parei de pronunciar a oração com meus lábios e passei a escutar com atenção o que dizia meu coração; também tentei olhar dentro do meu coração, lembrando-me do meu falecido *stárets*, que dizia que essa sensação era muito agradável. Eu tinha a sensação de que meus olhos mergulhavam em seu interior e eu sonhava com as palavras do falecido *stárets*, que havia me descrito esse sentimento de beatitude. Senti, em seguida, uma leve dor no meu coração e, no meu espírito, um amor tão grande por Jesus Cristo que me parecia que, se eu pudesse vê-lo naquele momento, cairia a seus pés, abraçando-os e beijando-os, e os banharia com minhas lágrimas, agradecendo pela consolação que Ele concedia a mim, criatura indigna e pecadora.

Logo brotou no meu coração um calor benéfico que se espalhou pelo meu peito. Isso fez com que eu me aplicasse a uma leitura ainda mais atenta da *Filocalia* a fim de verificar essas sensações e estudar o desenvolvimento da oração interior do coração; sem tal verificação, eu teria temido cair na ilusão, ter tomado as ações naturais pela graça, orgulhando-me desse rápido resultado da oração, como o meu falecido *stárets* me prevenira. Por essa razão, eu caminhava sobretudo à noite e passava meus dias lendo a *Filocalia* na floresta, sentado sob as árvores. Ah! Quantas coisas novas, profundas e ignoradas eu descobri através dessa leitura! Quando estava ocupado lendo, eu saboreava uma beatitude mais perfeita do que tudo que pudera imaginar até então. É claro que muitas passagens permaneciam incompreensíveis ao meu espírito limitado, mas os efeitos da oração do coração esclareciam e iluminavam aquilo que eu não conseguia compreender. Às vezes, eu via em sonhos meu falecido *stárets* que me esclarecia muitas dificuldades e sempre fazia minha alma inclinar-se mais à humildade. Passei os dois meses de verão nessa felicidade perfeita. Eu viajava sobretudo andando sob as árvores, pelos caminhos do campo; ao chegar a um vilarejo, eu pedia um saco de pão, um punhado de sal, enchia meu cantil de água e partia para percorrer mais cem *verstas*.

O peregrino é atacado por dois bandidos[XVIII]

Sem dúvida, devido aos pecados da minha alma endurecida ou ao progresso na vida espiritual, as tentações apareceram pelo final do verão. Eis o que aconteceu: uma noite, chegando ao caminho principal, deparei-me com dois homens que pareciam ser soldados. Eles me pediram dinheiro. Quando eu lhes disse que não tinha sequer um copeque, eles não me acreditaram e gritaram brutalmente:

– Você está mentindo! Os peregrinos sempre juntam muito dinheiro! Um deles acrescentou:

– É inútil discutir com ele!, e golpeou minha cabeça com um porrete; caí desacordado.

Não sei quanto tempo fiquei desacordado, mas, quando voltei a mim, vi que estava deitado na floresta, não muito longe do caminho principal. Minha roupa estava rasgada e minha mochila tinha desaparecido; restavam apenas os cordéis que a sustentavam. Graças a Deus, não tinham levado meu passaporte que eu carregava no forro do meu gorro de pelo para poder apresentá-lo rapidamente caso fosse necessário. Colocando-me de pé, eu chorei amargamente, não devido a dor, mas por causa dos meus livros, minha Bíblia e minha *Filocalia*, que estavam na mochila que fora roubada. Dia e noite eu só fazia chorar e lamentar. Onde estaria minha Bíblia que eu lia desde pequeno e que levava sempre comigo? Onde estaria minha *Filocalia* da qual eu tirava tantas lições e tantas consolações? Desgraçado, eu tinha perdido o único tesouro da minha vida antes de ter conseguido me saciar com seus ensinamentos. Teria sido melhor morrer do que viver dessa maneira, sem alimento espiritual. Eu jamais poderia voltar a comprá-los.

Durante dois dias eu avancei a duras penas, pois mal conseguia andar devido à minha aflição. No terceiro dia, no limiar das minhas forças, caí por terra perto de um arbusto e adormeci. Em sonho eu me vi no eremitério, na cela do meu *stárets*, chorando minha perda. O *stárets*, após ter me consolado, disse:

— Que esta seja uma lição de desprendimento das coisas terrenas para que você possa ir mais livremente para o céu. Essa provação lhe foi enviada para que você não caia na vaidade espiritual. Deus quer que o cristão renuncie à sua vontade própria e a todo apego para se entregar totalmente à vontade divina. Tudo que Ele faz é para o bem e para a salvação do homem. *Ele quer que todos os homens se salvem* (1Tm 2,4). Portanto, coragem, e acredite que *Deus é fiel: não permitirá que sejais tentados acima das vossas forças; mas com a tentação vos dará também o meio de sair e a força para que possais suportá-la* (1Cor 10,13). Em breve você irá receber uma consolação maior do que todo seu sofrimento.

Despertei com essas palavras, sentindo minhas forças renovadas; na minha alma brilhava uma nova aurora. Sentia-me calmo e tranquilo. Que seja feita a vontade de Deus!, eu disse. Levantei-me, fiz o sinal da cruz e continuei meu caminho. A oração voltou a soar no meu coração como antes e durante três dias eu caminhei tranquilamente.

De repente, encontrei no caminho um grupo de prisioneiros que caminhava sob escolta. Aproximando-me deles, reconheci os dois homens que tinham me pilhado. Como eles caminhavam na extremidade da coluna, eu me joguei a seus pés e supliquei para que eles me dissessem onde estavam meus livros. De início, eles fingiram não me reconhecer, mas, depois, um deles me disse:

— Se você nos der alguma coisa, nós diremos onde estão seus livros. Queremos um rublo de prata.

Jurei que lhes daria o rublo, mesmo que tivesse que mendigar para isso.

— Tome, se quiserem, vocês podem ficar com meu passaporte como garantia.

Eles disseram que meus livros encontravam-se nos carros junto com todos os outros objetos roubados que tinham sido recuperados.

– Como posso tê-los de volta?

– Peça ao capitão da escolta.

Corri em direção ao capitão e expliquei-lhe a situação detalhadamente. Durante a conversa, ele perguntou-me se eu sabia ler a Bíblia.

– Sei não apenas ler, mas também escrever; o senhor encontrará sobre a Bíblia uma inscrição que prova que ela me pertence; o senhor pode ler em meu passaporte meu nome e sobrenome.

O capitão me disse:

– Esses bandidos são desertores, eles viviam em uma cabana e assaltavam os transeuntes. Um cocheiro astuto os deteve ontem quando eles tentaram levar sua *troika*[13]. Não posso desejar nada melhor do que devolver seus livros, se eles estiverem lá; mas será preciso que você nos acompanhe até o final dessa etapa, pois não posso parar todo o comboio por sua causa. Fica a apenas quatro *verstas* daqui.

Caminhei, transido de felicidade, ao lado do cavalo do capitão, conversando com ele. Vi que era um homem bom e honesto, já entrado nos anos. Ele me perguntou quem eu era, de onde eu vinha e para onde eu ia. Contei-lhe toda a verdade e, assim conversando, chegamos ao final da etapa. Ele achou meus livros, devolveu-os e disse:

– Para onde você vai agora? Já é noite. Fique aqui comigo.

Fiquei. Eu estava tão feliz por ter encontrado meus livros que eu não sabia como agradecer a Deus. Eu os aper-

---

13. Carro atrelado a três cavalos.

tei contra meu coração até sentir câimbras nos braços. Lágrimas de alegria escorriam pelo meu rosto e meu coração batia feliz.

Vendo-me assim, o capitão disse:

– É fácil perceber que você gosta de ler a Bíblia.

Minha alegria era tanta que eu não conseguia dizer uma palavra sequer. Eu apenas chorava. Ele continuou:

– Eu mesmo leio o Evangelho todos os dias. Dizendo isto, ele entreabriu seu uniforme de onde tirou um pequeno Evangelho de Kiev[14], com uma cobertura de prata.

– Sente-se e eu contarei como adquiri esse hábito. Ah, estão servindo a ceia!

A história do capitão

Nós nos sentamos à mesa e o capitão começou seu relato:

"Desde a minha juventude estou a serviço do exército, mas não da guarnição. Eu conhecia bem meu serviço, meus superiores gostavam de mim e consideravam-me um soldado exemplar. Entretanto, eu era jovem e meus amigos também; para minha desgraça, aprendi a beber e entreguei-me de tal maneira à bebida que esse hábito acabou transformando-se em doença. Sem a bebida eu era um excelente oficial, mas bastava o menor copo para ficar seis semanas pregado a uma cama. Tiveram paciência comigo, mas um dia insultei um superior após ter bebido e acabei sendo degradado e condenado a servir três anos na guarnição. Advertiram-me que, se eu não parasse de beber, eu receberia uma punição ainda mais severa. Encontrando-me

---

14. Trata-se de um livro publicado pela célebre impressora da Laure de Kiev.

nessa situação miserável, tentei me conter, tentei me tratar, mas não consegui me livrar da minha paixão; decidiram enviar-me a um batalhão disciplinar. Quando aprendi essa decisão, não soube o que fazer.

Um dia estava na caserna, mergulhado nessas tristes reflexões, quando um monge, encarregado de fazer coletas para a igreja, passou por ali. Cada um de nós deu o que pôde. O monge acercou-se de mim e perguntou:

— Por que você está tão triste?

Em poucas palavras, narrei-lhe meu infortúnio. O monge, compadecendo-se de mim, disse:

— O mesmo aconteceu ao meu irmão. Ele conseguiu livrar-se do seu vício com a ajuda do seu pai espiritual[XIX] que lhe deu um evangelho e ordenou que ele lesse um capítulo cada vez que tivesse vontade de beber; se a vontade persistisse, ele deveria ler o capítulo seguinte e assim por diante. Meu irmão colocou esse conselho em prática e, pouco tempo depois, a paixão pela bebida o tinha abandonado. Faz quinze anos que ele não bebe sequer uma gota de álcool. Faça o mesmo e logo você verá o resultado. Tenho um evangelho, se quiser, posso dá-lo a você.

Ao ouvir essas palavras, eu disse:

— Do que me adianta o seu evangelho, se nem todos meus esforços, nem todos os remédios medicinais puderam conter meu vício? (Eu falava assim por jamais ter lido o Evangelho).

— Não diga isso, replicou o monge. Garanto que você conseguirá.

De fato, no dia seguinte ele me trouxe esse evangelho que trago aqui comigo. Eu o abri, dei uma olhada, li algumas frases e disse:

– Não quero; não entendo nada do que está escrito, não tenho o hábito de ler essa escritura eclesiástica[15].

Mas o monge continuou exortando-me, dizendo que nas próprias palavras do Evangelho reside uma força benfazeja, pois essas palavras que encontramos impressas foram pronunciadas pelo próprio Deus. "Não tem importância se você não entende o que está escrito, apenas leia com atenção. Um santo disse: *Tu crês que há um Deus; fazes bem, também os demônios o creem, e estremecem* (Tg 2,19); o desejo de beber é, com certeza, obra dos demônios. E eu ainda diria o seguinte: João Crisóstomo escreveu que até mesmo o lugar onde guardamos o Evangelho intimida os espíritos das trevas e faz obstáculo às suas intrigas.

Não me lembro mais direito, mas acho que dei algo ao monge, peguei seu Evangelho, o guardei no meu baú junto com minhas coisas e esqueci-me completamente dele. Algum tempo depois, fui tomado por uma irresistível vontade de beber; dirigi-me ao meu baú para pegar algum dinheiro e ir para a taberna. Ao descerrar o baú, o Evangelho saltou-me aos olhos e lembrei-me vivamente das palavras do monge. Abri o Evangelho e comecei a ler o primeiro capítulo segundo Mateus. Li até o fim sem compreender nada, mas lembrei-me do que o monge explicara: não tem importância se nada entendemos, basta ler com atenção. Pois bem, disse para mim mesmo, vamos tentar mais um capítulo. A leitura me pareceu mais compreensível. Estava começando a ler o terceiro capítulo quando soou o sino da caserna anunciando o início das atividades noturnas. Não havia mais como sair do quartel; fiquei, portanto, sem beber.

---

15. O alfabeto eslavo, língua utilizada pela Igreja, comporta quarenta e três letras e distingue-se sensivelmente do alfabeto russo corrente.

Na manhã seguinte, ao sair para comprar bebida, eu perguntei-me: E se eu lesse mais um capítulo do Evangelho? O que aconteceria? Eu li e fiquei tranquilo.

Tive ganas de beber ainda mais uma vez, mas voltei a ler o Evangelho e senti-me aliviado e reconfortado. Cada vez que era acometido pelo desejo do álcool, eu me atacava a um capítulo do Evangelho. Quanto mais o tempo passava, melhor era o resultado. Quando acabei de ler os quatro Evangelhos, minha paixão pelo álcool tinha desaparecido por completo; eu me tornara indiferente à bebida. Faz vinte anos que não bebo nenhuma bebida forte.

Todos ficaram surpresos diante da mudança; passados três anos, fui readmitido no corpo dos oficiais e passei por todas as graduações até chegar ao posto de capitão. Casei-me com uma mulher excelente. Conseguimos juntar algum dinheiro e, hoje em dia, graças a Deus, as coisas vão cada vez melhor. Ajudamos os pobres como podemos e recebemos os peregrinos. Tenho um filho que já é oficial e é um rapaz maravilhoso.

Pois bem, como você vê, desde a minha cura prometi a mim mesmo que leria, todos os dias, durante toda a minha vida, um dos quatro Evangelhos por inteiro; não admito que nada me impeça de fazer isso. Quando estou acabrunhado por causa do trabalho ou muito cansado, eu me deito e peço à minha mulher ou ao meu filho que leiam o Evangelho para mim, dessa forma observo meu propósito. Em agradecimento e para exaltar a glória de Deus, mandei encadernar esse Evangelho em prata maciça e o carrego sempre junto ao meu peito.

Escutei com prazer as palavras do capitão e disse:

– Conheci um caso semelhante: em nossa cidade trabalhava na fábrica um operário excelente, que conhecia perfeitamente seu ofício. No entanto, para sua infelicidade, ele bebia frequentemente. Um homem piedoso o aconselhou recitar, cada vez que ele tivesse vontade de beber, trinta e três vezes a oração de Jesus em honra da Santíssima Trindade e segundo o número de anos da vida terrestre de Jesus Cristo. Foi isso o que ele fez e logo parou de beber. E a história não acaba por aí: três anos depois, ele entrou em um monastério.

– O que vale mais, perguntou o capitão, a oração de Jesus ou o Evangelho?

– Tudo é uma coisa só, respondi. O Evangelho é como a oração de Jesus, pois o Nome divino de Jesus Cristo encerra em si todas as verdades evangélicas. Os Santos Padres dizem que a oração de Jesus resume todo o Evangelho.

Depois, dissemos as preces e o capitão começou a ler o Evangelho de Marcos desde o princípio; enquanto o escutava, eu seguia orando no meu coração. O capitão terminou sua leitura às duas horas da manhã e fomos dormir.

Como era de costume, levantei-me cedo pela manhã, quando todos ainda dormiam. Estava amanhecendo quando mergulhei na leitura da minha querida *Filocalia*. Com que alegria a abri! Eu tinha a impressão de ter reencontrado meu pai após uma longa ausência ou um amigo ressuscitado dentre os mortos. Eu a beijei e agradeci a Deus por tê-la me devolvido. Comecei a ler Teoleptos de Filadélfia na segunda parte da *Filocalia*. Fiquei surpreso ao constatar que ele aconselha dedicarmo-nos, simultaneamente, a três ordens de atividade: quando estivermos sentados à mesa, diz ele, dê ao seu corpo o alimento; ao seu ouvido, a leitura e, ao seu espírito, a oração. A lembrança da agradável noite da véspera elucidou-me esse pensamento. Compreendi, então, o mistério da diferença entre o coração e o espírito.

Quando o capitão acordou, fui agradecê-lo pela sua bondade e despedi-me dele. Ele me ofereceu um chá, deu-me um rublo de prata e nos separamos.

Tendo percorrido uma *versta*, lembrei-me da minha promessa de dar um rublo aos soldados e agora esse rublo me tinha sido enviado de uma maneira completamente inesperada. Deveria dar-lhes meu rublo ou não? Por um lado, eles me bateram e me assaltaram e o rublo não lhes é de nenhuma utilidade, já que eles estão presos. Mas, por outro lado, lembre-se daquilo que está escrito na Bíblia: *Se teu inimigo tiver fome, dá-lhe de comer; se tiver sede, dá-lhe de beber* (Rm 12,20). E o próprio Jesus Cristo disse: *Amai vossos inimigos* (Mt 5,44), e ainda: *se alguém quiser arrancar sua capa, dê-lhe também seu manto* (Mt 5,40). Persuadido, voltei sobre meus passos e cheguei ao lugar onde pernoitáramos no momento exato onde o comboio se preparava para partir. Corri na direção dos dois malfeitores, dei-lhes meu rublo e disse:

– Orem e façam penitência; Jesus Cristo é o amigo dos homens. Ele não os abandonará!

Com estas palavras, parti e retomei meu caminho, indo em sentido contrário.

Solidão

Após ter feito cinqüenta *verstas* pela estrada principal, decidi caminhar pelas trilhas solitárias do campo que eram mais propícias à leitura. Caminhei longo tempo pelas florestas; de tempos em tempos, chegava a um vilarejo. Freqüentemente, eu me acomodava na floresta o dia inteiro para ler a *Filocalia*, de onde extraía conhecimentos surpreendentes e profundos. Meu coração inflamava-se com o desejo de unir-se a Deus através da oração interior que eu me esforçava em estudar e praticar segundo as indicações da *Filocalia*. Ao mesmo tempo, sentia-me triste por não ter encontrado nenhum abrigo onde pudesse dedicar-me tranquila e ininterruptamente à leitura.

Nessa época, eu também lia minha Bíblia e sentia que começava a compreendê-la melhor, pois as passagens bíblicas me pareciam menos obscuras. Os Santos Padres têm razão quando afirmam que a *Filocalia* é a chave que dá acesso aos mistérios ocultos na Escritura. Com a sua ajuda, eu descobri o que significavam as expressões *o homem interior no fundo do coração* (1Pd 3,4), *a verdadeira oração, a adoração em espírito* (Jo 4,23), *o Reino no interior de nós* (Lc 17,21), *a intercessão do Espírito Santo* (Rm 8,26); e compreendi também o sentido dessas palavras: *Vós estais em mim* (Jo 15,4), *estar revestido do Cristo* (Rm 13,14; Gl 3,27), *as bodas do Espírito em nosso coração* (Ap 22,17), a invocação *Abba, Pai* (Rm 8, 15-16) e muitas outras. Quando orava no fundo do meu coração, tudo que me cercava surgia sob seu aspecto mais encantador: as árvores, a grama, os pássaros, a terra, o ar, a luz, todos pareciam dizer que existiam para o homem, que davam testemunho do amor de Deus pelo homem; tudo orava, tudo cantava glória a Deus! Compreendi, assim, aquilo que a *Filocalia* chama de "conhecimento da linguagem da criação" e percebi como é possível conversar com as criaturas de Deus.

História de um guarda florestal

Assim viajei durante longo tempo; cheguei, enfim, a um lugar tão afastado que, durante três dias, não me deparei com nenhuma habitação. Minha provisão de pão seco tinha acabado e eu estava inquieto, perguntando-me o que fazer para não morrer de fome. Quando comecei a orar em meu coração, todos meus temores se dissiparam e confiei-me à vontade de Deus, voltando a sentir-me alegre e tranquilo.

Avancei um pouco pelo caminho e, ao atravessar um imenso bosque, surgiu de repente, diante de mim, um cão pastor que saía da floresta. Eu o chamei e, todo gentil, ele se deixou acariciar. Eu me alegrei e pensei: Mais uma graça de Deus! Existe certamente um rebanho nessa floresta e esse é o cão do pastor ou talvez seja um caçador que tenha seguido sua caça até aqui. De qualquer maneira, poderei pedir um pouco de pão, pois faz dois dias que estou sem comer, ou talvez possa me informar se existe alguma aldeia nos arredores. O cão, após ter saltado à minha volta e vendo que eu não tinha nada para lhe dar de comer, voltou à floresta pela mesma pequena trilha de onde ele tinha surgido. Eu o segui; percorridos duzentos metros, eu avistei, através das árvores, o cão que latia junto a uma cabana.

Vi aproximar-se um camponês de média idade, magro e pálido. Ele me perguntou como eu chegara até ali. Perguntei o que ele fazia em um lugar tão ermo. Trocamos algumas palavras amigáveis. O camponês convidou-me a entrar na sua cabana, explicou-me que era guarda-florestal e que cuidava daquela floresta que deveria ser abatida dentro de algum tempo. Ele me ofereceu pão e sal[16] e começamos a conversar.

– Como invejo essa vida solitária que você leva, eu disse; tão diferente da minha, sempre errando mundo afora e em contato com todo tipo de gente.

– Se você quiser, você pode viver aqui sem o menor problema. Existe uma outra cabana, um pouco afastada, onde vivia o antigo guarda. Ela está um pouco danificada, mas podemos dar um jeito para o verão. Toda semana enviam pão do nosso vilarejo, portanto, haverá o suficiente para nós dois; temos também um riacho que jamais fica seco. Faz dez anos, irmão, que como apenas pão e bebo apenas água. No entanto, no outono, quando os trabalhos nos campos terão terminado, virão para cá duzentos homens para derrubar as árvores. Não terei mais nada a fazer e também não permitirão que você permaneça aqui.

---

[16]. Na Rússia, o pão e o sal simbolizam a boa acolhida oferecida aos hóspedes após sua chegada.

Ao ouvir essas palavras, fui tomado de uma tal alegria que quase me joguei a seus pés. Não sabia como agradecer a Deus pela sua bondade para comigo.

Tudo que eu desejava e que me afligia, eu recebi de uma hora para outra. Ainda faltavam quatro meses até a metade do outono. Eu poderia, durante esse período, aproveitar do silêncio e da paz para estudar, com a ajuda da *Filocalia*, a oração perpétua no interior do coração. Assim, resolvi instalar-me na cabana indicada. Continuamos a conversar e esse singelo irmão contou-me sua vida e suas ideias.

– Eu não era qualquer um no meu vilarejo. Tinha um ofício, era tintureiro; eu tingia os tecidos de vermelho e azul. Vivia contente, mas em pecado, pois frequentemente enganava minha clientela e perjurava. Era grosseiro, beberrão e briguento.

Havia no nosso vilarejo um velho chantre[17] que possuía um livro antiquíssimo sobre o julgamento final[18]. Frequentemente, ele era pago para visitar os fiéis e ler esse livro. Eu também o recebia na minha casa. Na maior parte das vezes, dava-lhe dez copeques com um copo de aguardente e ele ficava lendo até o cantar do galo. Uma vez, eu o escutei enquanto trabalhava. Ele lia uma passagem sobre as torturas do inferno e sobre a ressurreição dos mortos, como Deus virá nos julgar, como os anjos farão soar suas trombetas, sobre o fogo e o pez que cairão sobre os ímpios e como os vermes irão devorar os pecadores. De repente, fiquei aterrorizado e pensei: Não escaparei desses tormentos! Pois bem, vou dedicar-me à salvação da minha alma e talvez eu consiga redimir meus muitos pecados. Refleti

---

17. Funcionário eclesiástico que dirige o coro (N.T.).

18. Trata-se sem dúvida de um sermão de Efrém o Sírio, onde o julgamento é apresentado de uma maneira particularmente dramática.

durante longo tempo e decidi abandonar meu ofício; vendi minha casa e, como morava sozinho, tornei-me guarda florestal, pedindo como salário apenas um pouco de pão, algo para me cobrir e círios para acender durante minhas orações.

Faz mais de dez anos que vivo aqui. Como só pão uma vez ao dia e bebo apenas água. Todas as noites eu me levanto ao cantar do galo e faço minhas genuflexões e saudações até o chão; quando oro, acendo sete velas diante dos ícones[xx]. Durante o dia, enquanto caminho pela floresta, carrego sobre a pele correntes que pesam sessenta libras. Não cometo perjúrio, não bebo cerveja ou álcool, não brigo com ninguém e não conheço mais mulheres ou moças.

No início, sentia-me feliz com essa vida, mas com o passar do tempo fui assaltado por várias dúvidas que eu não consigo afastar da minha mente. Só Deus sabe se eu poderei me redimir dos meus pecados, mas essa vida é bastante difícil. E, além do mais, será que é verdade aquilo que está escrito naquele livro? Como o homem pode ressuscitar? Não resta sequer o pó daqueles que morreram há mais de cem anos. E quem pode afirmar se o inferno existe ou não? De todo jeito, ninguém jamais voltou do outro mundo; quando o homem morre, ele apodrece sem deixar vestígios. Talvez tenham sido os popes[19] ou os funcionários que escreveram esse livro para assustar a nós, imbecis, e para que nos tornemos ainda mais submissos. Assim, vivemos de maneira miserável, sem nenhuma consolação sobre esta terra, e também não teremos nada no outro mundo! Então, de que serve tudo isso? Não seria melhor ter, ao menos, um pouco de prazer agora? Essas ideias me perseguem, acrescentou ele, e tenho medo de voltar ao meu antigo ofício.

---

19. Sacerdote da Igreja Ortodoxa (N.T.).

Apiedei-me dele e pensei: achamos que apenas os sábios e os intelectuais tornam-se livres-pensadores e deixam de ter fé[XXI], mas nossos irmãos, os humildes camponeses, também tombam na incredulidade! É óbvio que o mundo das trevas tem acesso a todos e talvez ele ataque ainda mais facilmente os simplórios. É preciso estudar e nos fortificar o máximo possível contra o inimigo com a ajuda da Palavra de Deus.

Dessa maneira, para dar um pouco de apoio a esse irmão e fortalecer sua fé, tirei da minha mochila a *Filocalia* e a abri no capítulo 109 do Bem-aventurado Hesíquio[XXII]. Li o capítulo e expliquei-lhe que não é por medo do castigo que deixamos de pecar, pois a alma só consegue se libertar dos pensamentos culpados através da vigilância do espírito e da pureza do coração. Adquirimos isso através da oração interior. Acrescentei que os Padres comparam a ação de alguém que se empenha na via ascética por temor das torturas do inferno, e não por desejar o reino celeste, à ação de um mercenário. Eles dizem que o medo dos tormentos é a via do escravo, e o desejo de uma recompensa é a via do mercenário. Mas Deus quer que venhamos a Ele como filhos; Ele quer que o amor e o zelo nos impulsione a nos conduzir dignamente, e que gozemos da união perfeita com Ele na alma e no coração.

— Você pode exaurir-se, impor-se as provas e as proezas físicas mais difíceis, se você não tiver Deus no espírito e a oração de Jesus no coração, você jamais estará ao abrigo dos pensamentos ruins; você estará sempre disposto a pecar à menor oportunidade. Dedique-se, irmão, a recitar sem cessar a oração de Jesus; isso lhe será fácil nessa solidão, você logo verá os benefícios. As ideias ímpias desaparecerão, a fé e o amor por Jesus Cristo lhe serão revelados; você compreenderá como os mortos podem ressuscitar e verá o julgamento final da maneira como ele realmente é.

E haverá tanta leveza e tanta alegria no seu coração que você ficará surpreso; você não se sentirá mais fatigado ou perturbado por causa da sua vida de penitência!

Em seguida, expliquei-lhe da melhor maneira possível como recitar a oração de Jesus segundo o mandamento divino e os ensinamentos dos Padres. Ele parecia não pedir nada além disso e pareceu-me menos aflito. Separei-me dele, então, e entrei na velha cabana que ele tinha me indicado.

Trabalhos espirituais

Meu Deus! Que alegria, que alívio, que arrebatamento eu senti ao cruzar a soleira da porta daquele reduto ou, melhor dizendo, daquele sepulcro; ele me pareceu um magnífico palácio repleto de delícias. Agradeci a Deus com lágrimas de alegria e pensei: Pois bem, agora nessa tranquilidade e nessa paz é preciso trabalhar seriamente e orar para que o Senhor esclareça e ilumine meu espírito. Assim comecei a ler, com grande atenção, a *Filocalia* do começo ao fim. Após algum tempo, eu terminei a minha leitura e divisei toda a santidade, sabedoria e profundidade contidas nesse livro. Mas como o livro trata de diversos assuntos, não consegui tudo compreender nem juntar as forças do meu espírito em torno do ensinamento único da oração interior com o intuito de chegar à oração espontânea e perpétua no interior do coração. No entanto, eu ansiava compreender esse ensinamento segundo o mandamento divino transmitido pelo Apóstolo: *Procurai com zelo os melhores dons* (1Cor 12,31) e também: *Não extingais o Espírito* (1Ts 5,19). Refleti sobre essas palavras sem saber o que fazer. Faltavam-me inteligência e entendimento suficientes para compreendê-las e não tinha ninguém para ensinar-me. Cansarei o Senhor à força das minhas orações e talvez Ele queira iluminar meu espírito. Assim passei o dia inteiro orando sem parar um momento sequer; meus pensamentos se acalmaram e eu adormeci. De repente, me vi em sonho na cela do meu *stárets*. Ele me explicava a *Filocalia*, dizendo: esse santo livro contém grande sabedoria. É um tesouro misterioso de ensinamentos sobre os desígnios secretos de Deus. Ele não é acessível a todos, mas contém máximas que podem ser aplicadas a cada um, profundas para os espíritos profundos, e simples para os simples. É por esta razão que vocês, pessoas simples, não devem ler os livros dos Padres na sequência em que eles são apresentados. Essa é uma disposição de acordo com a teologia; mas aquele que não é instruído e deseja aprender a oração interior na *Filocalia* deve seguir a seguinte ordem: primeiro ler o livro do monge Nicéforo[XXIII] (na segunda parte); depois o livro de Gregório o Sinaíta[XXIV] por completo, com exceção dos capítulos curtos; em seguida as três formas da oração de Simeão o Novo Teólogo[XXV] e seu Tratado da Fé; e por último o livro de Calisto e Inácio[XXVI]. Encontramos nesses textos o ensinamento completo da oração interior do coração, ao alcance de todos.

Se você quiser um texto ainda mais compreensível, leia na quarta parte o modelo resumido da oração de Calisto, patriarca de Constantinopla.

Segurando a *Filocalia* entre minhas mãos, procurei a passagem indicada sem conseguir encontrá-la. O *stárets* virou algumas páginas e disse: Ei-la aqui – vou marcá-la para você. Apanhando um pedaço de carvão que estava por terra, ele fez um traço na margem da página em frente ao trecho indicado. Escutei com atenção todas as palavras do *stárets* e tentei guardá-las, em todos os detalhes e com precisão, na minha memória.

Acordei, e como o sol ainda não tinha se levantado, continuei deitado, rememorando tudo que tinha visto em sonho e repetindo aquilo que o *stárets* me dissera. Depois comecei a refletir: Deus sabe se foi a alma do meu falecido *stárets* que me apareceu dessa maneira ou se são minhas próprias ideias que tomaram essa forma, pois penso muito e amiúde na *Filocalia* e no *stárets*! Levantei-me com essa dúvida turvando meu espírito. Amanhecia. De repente, vi sobre a pedra que me fazia as vezes de mesa a *Filocalia* aberta na página indicada pelo *stárets* e marcada com um traço de carvão, exatamente como no meu sonho; o próprio carvão ainda repousava ao lado do livro. Fiquei impressionado, pois lembrava-me que esse livro não estava lá na véspera; eu o tinha colocado, fechado, perto de mim antes de adormecer e também me lembrava que não havia nenhuma marca nessa página. Esse acontecimento fez com que eu acreditasse na veracidade da aparição e confirmou-me a santidade da memória do meu *stárets*. Assim, recomecei a leitura da *Filocalia* segundo a ordem indicada. Li uma vez, depois outra; essa leitura inflamou meu zelo e meu desejo de provar em ações tudo que tinha lido. Descobri claramente o sentido da oração interior, os meios para chegar até ela e quais eram seus efeitos; compreendi como ela alegra a alma e o coração e de que maneira podemos distinguir se essa felicidade procede de Deus, da natureza ou da ilusão.

Antes de tudo, busquei descobrir o lugar do coração segundo o ensinamento de São Simeão o Novo Teólogo. Com os olhos fechados, dirigi meu olhar ao meu coração, tentando imaginá-lo no lado esquerdo do peito tal qual ele é, e procurando escutar com atenção suas batidas. No começo, pratiquei esse exercício durante meia hora, diversas vezes ao dia. No início eu via apenas trevas, mas logo meu coração surgiu e senti seu movimento profundo. Depois consegui introduzir nele a oração de Jesus e fazê-la sair ao ritmo da respiração, segundo o ensinamento de São Gregório o Sinaíta e de Calisto e de Inácio. Para isso, eu observava o meu coração com os olhos do espírito, inspirando o ar e guardando-o no meu peito dizendo: *Senhor Jesus Cristo,* e expirava dizendo: *tenha piedade de mim*. Comecei exercitando-me durante uma hora ou duas, depois apliquei-me cada vez mais frequentemente a essa ocupação e, no final, eu passava quase o dia todo nesse exercício. Quando me sentia pesado, cansado ou inquieto, eu lia imediatamente na *Filocalia* as passagens que tratam da atividade do coração e o desejo e o zelo pela oração renasciam em mim. Ao cabo de três semanas, eu senti uma dor no coração, depois uma tepidez agradável e um sentimento de alívio e paz. Isso me deu ainda mais força para dedicar-me à oração para a qual estavam voltados todos meus pensamentos e comecei a sentir uma grande alegria. A partir desse momento, comecei a sentir de tempos em tempos diversas novas sensações no coração e no espírito. Às vezes, havia uma espécie de borbulhar no meu coração e uma leveza, uma liberdade, uma alegria tão grandes que eu me sentia transformado e em êxtase. Às vezes, eu sentia um amor ardente por Jesus Cristo e por toda a criação divina. Às vezes, as lágrimas corriam sozinhas[XXVII] em reconhecimento ao Senhor que tivera piedade de mim, pecador empedernido. Às vezes, meu espírito limitado se iluminava de tal maneira que eu compreendia claramente aquilo que outrora eu não conseguira sequer conceber. Às vezes, o doce calor do meu coração espalhava-se por todo meu ser e eu sentia, emocionado, a presença inigualável do Senhor. Às vezes, eu sentia uma alegria poderosa e profunda ao invocar o Nome de Jesus Cristo e compreendi o significado dessas palavras: *O Reino de Deus está no interior de nós* (Lc 17,21).

Em meio a esses benéficos lenitivos, eu percebi que os efeitos da oração do coração aparecem sob três formas: no espírito, nos sentidos e na inteligência. Por exemplo, no espírito, a doçura do amor de Deus, a calma interior, o arrebatamento do espírito, a pureza dos pensamentos, o esplendor da ideia de Deus. Nos sentidos, o agradável calor do coração, a plenitude da doçura nos membros, o borbulhar da alegria no coração, a leveza, o vigor da vida, a insensibilidade às doenças ou ao pesar. Na inteligência, a iluminação da razão, a compreensão da Santa Escritura, o conhecimento da linguagem da criação, o desapego das vãs inquietações, a consciência da doçura da vida interna, a certeza da proximidade de Deus e de seu amor por nós.

Após cinco meses solitários dedicados a esses trabalhos e vivendo nessa felicidade, eu estava tão habituado à oração do coração que a praticava sem cessar e, no final, sentia que ela se fazia por si só sem nenhuma participação da minha parte. Ela brotava no meu espírito e no meu coração não apenas quando estava em estado de vigília, mas até mesmo durante o sono, e não se interrompia um segundo sequer. Minha alma agradecia ao Senhor e meu coração exultava de uma alegria incessante.

Chegou o momento da derrubada da floresta. Os lenhadores se reuniram e tive que deixar minha morada silenciosa. Tendo agradecido ao guarda florestal e recitado uma oração, beijei esse pedaço de terra onde o Senhor quisera manifestar sua bondade, coloquei minha mochila sobre meus ombros e parti. Caminhei durante longo tempo e percorri vários países antes de chegar a Irkoutsk. A oração espontânea do coração foi o meu consolo ao longo de todo o caminho, ela nunca deixou de me alegrar, mesmo que em diferentes graus. Ela nunca me incomodou, nada jamais conseguiu diminuí-la. Se estou trabalhando, a oração age por si só em meu coração e realizo meu trabalho mais rapidamente; se escuto ou leio algo com atenção, a oração não para e sinto ambas as coisas ao mesmo tempo, como se tivesse sido duplicado ou como se duas almas habitassem meu corpo. Meu Deus! Como o homem é misterioso!...

O salto do lobo

"Numerosas são tuas obras, Senhor! Fizeste-as todas com sabedoria! A terra está cheia de tuas criaturas!" (Sl 104,24).

Encontrei no meu caminho vários casos extraordinários; tantos que, se eu quisesse narrar todos eles, levaria vários dias. Por exemplo: em uma noite de inverno, eu estava passando sozinho por uma floresta para ir pernoitar a duas *verstas* dali, em um vilarejo cujas luzes eu já conseguia avistar. De repente, um grande lobo saltou sobre mim. Eu segurava em minhas mãos o rosário de lã do meu *stárets* (eu o carregava sempre comigo) e golpeei o lobo com ele. Vocês acreditam no que aconteceu? O rosário saiu das minhas mãos e enroscou-se em torno do pescoço do animal. O lobo recuou e caiu sobre um arbusto espinhoso onde suas patas traseiras ficaram presas, e o rosário enrolou-se em torno do galho de uma árvore morta. O lobo debatia-se com todas as suas forças, sem conseguir soltar-se, pois o rosário apertava-lhe a garganta. Cheio de fé, fiz o sinal da cruz e aproximei-me para desvencilhar o lobo; sobretudo porque eu temia que ele arrebentasse o rosário e fugisse carregando consigo esse objeto tão precioso. Eu mal tinha me aproximado e colocado a mão sobre o rosário, quando o lobo o arrebentou e fugiu. Assim, dando graças ao Senhor e recordando meu bem-aventurado *stárets*, cheguei ao vilarejo sem maiores atropelos. Dirigi-me a uma hospedaria e pedi um lugar para dormir. Ao entrar na casa, avistei dois viajantes que estavam sentados a uma mesa do canto. Um já era idoso, o outro era de média idade e corpulento; todos os dois pareciam ser pessoas de boa condição. Eles bebiam chá. Perguntei ao camponês que se ocupava dos seus cavalos quem eles eram. Ele me explicou que o mais velho era professor e o outro, escrivão do juiz de paz: ambos eram de origem nobre.

— Estou levando-os à feira, a vinte *verstas* daqui.

Após ter descansado um pouco, pedi linha e agulha à dona da hospedaria. Aproximei-me de uma vela e comecei a cerzir meu rosário. O escrivão me olhou e disse:

– Você deve ter rezado um bocado para ter dilacerado seu rosário dessa maneira!

– Não fui eu quem o destroçou, foi um lobo...

– E essa agora, os lobos também rezam!, respondeu rindo o escrivão.

Narrei-lhes o caso em detalhe e expliquei a razão pela qual esse rosário me era tão precioso. O escrivão voltou a rir e disse:

– Para vocês, crentes, tudo é milagre! O que essa história tem de extraordinário? Você jogou algo em cima dele, ele teve medo e fugiu; os lobos e os cães sempre têm medo dessas coisas. Enroscar as patas em um arbusto na floresta não é tão difícil assim; não devemos acreditar que tudo que nos acontece é um milagre.

O professor começou a discutir com ele:

– Não fale assim, Senhor! O senhor não é versado nessas questões... Eu vejo na história desse camponês um mistério duplo, sensível e espiritual...

– Como?, perguntou o escrivão.

– Mesmo sem ter demasiada instrução, o senhor certamente estudou a história santa através de questões e respostas, editada para as escolas. O senhor se lembra que quando o primeiro homem, Adão, estava no estado de inocência, todos os animais lhe eram submissos; eles se aproximavam dele com temor e ele os nomeava. O *stárets*, a quem pertenceu esse rosário, era santo; e o que é a santidade? Nada mais do que o retorno do pecador ao estado de inocência do primeiro homem, graças aos esforços e às virtudes. A alma santifica o corpo. O rosário estava sempre entre as mãos de um santo, portanto, através do contato permanente com suas mãos e suas emanações, esse objeto foi impregnado de uma força santa, a força do estado de inocência do primeiro homem. Eis o mistério da natureza espiritual!... Essa força é naturalmente sentida por todos os animais, sobretudo através do olfato, pois o focinho é o órgão principal dentre os sentidos de um animal. Eis o mistério da natureza sensível!...

– Para vocês, sábios, só existem histórias e forças desse tipo; mas nós vemos as coisas de maneira mais simples: encher um copo e tomar um trago – é isso que dá força, disse o escrivão, e caminhou até o armário.

– Isso é problema seu, respondeu o professor, mas deixe para nós os assuntos um pouco mais elevados.

As palavras do professor tinham me agradado. Aproximei-me dele e disse: "Permita-me contar-lhe algumas coisas mais sobre o meu *stárets*". Eu lhe expliquei como ele me aparecera em sonho para ensinar-me e, depois, como ele deixara uma marca na minha *Filocalia*. O professor escutou meu relato com atenção. No entanto, o escrivão, deitado sobre um banco, resmungou:

– O que acontece é que enlouquecemos de tanto ter o nariz enfiado dentro da Bíblia. Só faltava essa! Que lobisomem vai escrever nos seus livros durante a noite? Você deixou seu livro cair por terra quando estava dormindo e ele ficou sujo de cinzas... E você chama isso de milagre! Ah, esses patifes: conheço esses tipos, meu velho, fazem parte da sua raça!

Após ter assim resmungado, o escrivão virou-se para a parede e adormeceu.

A essas palavras, inclinei-me na direção do professor e disse:

– Se o senhor quiser, eu lhe mostrarei o livro que está marcado e o senhor verá que não é uma marca de cinza.

Tirei a *Filocalia* da minha mochila e mostrei-a a ele, dizendo:

— Fico perplexo ao constatar que uma alma desincorporada possa pegar um pedaço de carvão e escrever...

O professor observou a marca dentro do livro e disse:

— Esse é o mistério dos espíritos. Vou explicá-lo a você. Quando os espíritos aparecem a um homem sob uma forma corpórea, seu corpo visível está composto de luz e de ar, elementos que pertenceram ao seu corpo mortal. E como o ar é dotado de elasticidade, a alma, que está revestida desse ar, pode agir, escrever ou pegar objetos. Mas que livro é esse? Deixe-me vê-lo.

Ele o abriu na passagem que narra o discurso e o tratado de Simeão o Novo Teólogo.

— Ah! Esse é sem dúvida um livro de teologia. Eu não o conheço...

— Esse livro, meu pai, contém quase que exclusivamente o ensinamento da oração interior do coração em Nome de Jesus Cristo; ela está detalhadamente explicada aqui pelos vinte e cinco Santos Padres.

— Ah! A oração interior! Eu sei o que é isso, disse o professor...

Inclinei-me na sua direção e pedi-lhe que me contasse alguma coisa sobre a oração interior.

— Pois bem, no Novo Testamento está escrito que o homem e toda a criação *ficaram sujeitos à vaidade, não por sua vontade, mas por causa do que a sujeitou, na esperança de que também a mesma criatura será libertada da servidão da corrupção, para a liberdade da glória dos filhos de Deus* (Rm 8,19-20). Esse misterioso movimento da criação, esse desejo inato das almas, é a oração interior. Não podemos aprendê-la, pois ela está em tudo e em todos!...

— Mas como podemos alcançá-la, descobri-la e senti-la no coração? Como nos conscientizarmos e a acolhermos voluntariamente, até que ela aja ativamente, alegrando, iluminando e salvando a alma?, perguntei.

– Não sei se os tratados teológicos falam a respeito, respondeu o professor.

– Mas aqui nesse livro está tudo escrito, exclamei...

O professor pegou um lápis, anotou o título da *Filocalia* e disse:

– Eu irei certamente encomendar esse livro em Tobolsk e o estudarei.

Assim nos separamos.

Ao partir, agradeci a Deus pela minha conversa com o professor e rezei ao Senhor para que Ele permitisse que o escrivão pudesse, ao menos uma vez, ler a *Filocalia* e compreender o seu sentido para o bem da sua alma.

A jovem do vilarejo

Em outra ocasião, durante a primavera, cheguei a um povoado onde detive-me na casa do padre. Era um homem boníssimo que vivia sozinho. Passei três dias na sua casa. Após ter me observado durante esse tempo, ele disse:

– Fique comigo, eu lhe darei um salário. Preciso de um homem em quem possa confiar. Você, com certeza, percebeu que estamos construindo uma nova igreja de pedra, perto da antiga que é de madeira. Não consigo achar ninguém consciencioso para supervisionar os trabalhadores e para ficar na capela para recolher as doações para a construção. Sei que você poderia fazer esse trabalho e que essa ocupação lhe seria conveniente, pois você estaria sozinho na capela, orando a Deus. Há um quarto isolado onde você poderá ficar. Fique, eu lhe peço, pelo menos até que a igreja esteja terminada.

Recusei durante algum tempo, mas, enfim, tive que ceder à insistência do sacerdote. Fiquei, portanto, para o verão, até o outono e instalei-me na capela. No início, tive bastante sossego e pude dedicar-me a oração, mas, sobretudo nos dias de festa[XXVIII], muitas pessoas vinham à igreja, uns para orar, outros para bocejar e alguns para surrupiar alguns trocados da bandeja das doações. Como às vezes eu lia a Bíblia ou a *Filocalia*, alguns visitantes começaram a conversar comigo, enquanto outros pediam que eu lesse para eles.

Após algum tempo, percebi que uma jovem vinha frequentemente à capela e lá ficava bastante tempo, orando. Ao prestar atenção aos seus murmúrios, descobri que ela dizia preces estranhas, algumas completamente desfiguradas. Perguntei: "Quem ensinou isso a você?" Ela me disse que fora sua mãe, que era ortodoxa, mas que seu pai era um *raskolnik*, um "velho-crente"[XXIX], pertencente à seita dos que não têm padres. Sua situação comoveu-me e eu aconselhei-a a recitar as orações corretamente, segundo a tradição da santa Igreja; ensinei-lhe o *Pai-nosso* e a *Ave-Maria*. No final, eu disse: "Recite sobretudo a oração de Jesus; ela nos aproxima de Deus mais do que todas as outras preces e você obterá a salvação da sua alma". A jovem me escutou atentamente e seguiu meus conselhos. E o que aconteceu? Algum tempo depois, ela veio anunciar-me que se habituara à oração de Jesus e que tinha vontade de repeti-la constantemente. Quando ela orava, ela sentia grande alegria e sobrevinha um desejo ainda maior de continuar orando. Alegrei-me ao ouvir essas palavras e aconselhei-a a continuar orando cada vez mais, invocando o Nome de Jesus Cristo.

O verão aproximava-se do fim. Muitos visitantes vinham ao meu encontro, não apenas para pedir um conselho ou uma leitura, mas para contar suas aflições domésticas e até mesmo para saber como encontrar seus objetos perdidos; era óbvio que alguns dentre eles me tomavam por um feiticeiro. Um dia, sentindo-se extremamente infeliz, essa jovem acudiu ao meu encontro para perguntar o que ela deveria fazer. Seu pai queria casá-la contra sua vontade com um *raskolnik* e um camponês iria celebrar a cerimônia.

– Esse casamento não é legal!, exclamou ela. Isso não passa de devassidão! Quero fugir agora mesmo.

Eu disse:

– E para onde você vai? Não importa para onde você vá, eles irão encontrá-la, pois você não poderá esconder-se em lugar algum sem ter documentos, chegarão facilmente a você. É melhor orar a Deus com fervor para que Ele, através dos seus próprios caminhos, mude a resolução de seu pai e salve sua alma do pecado e da heresia. Isso é melhor do que sua ideia de fuga.

O tempo passava, o barulho e as distrações me eram cada vez mais difíceis de suportar. Enfim, o verão terminou. Decidi deixar a capela e retomar meu caminho como antes. Procurei o padre e lhe disse:

– Meu pai, o senhor conhece minhas disposições. Preciso de calma para me dedicar à oração. Fiz aquilo que o senhor me pediu, permanecendo aqui durante todo o verão; agora, deixe-me ir e abençoe meu caminho solitário.

O padre não queria me deixar ir embora e tentou pressionar-me com seu discurso:

– O que o impede de rezar aqui? A única coisa que você precisa fazer é ficar na capela, pão não lhe falta. Ore dia e noite se você quiser; viva com Deus! Aqui você é útil e capaz, não fala tolices com os visitantes, é fiel e honesto e garante os ganhos para a igreja de Deus. Aos olhos do Senhor, isso é melhor do que a sua oração solitária. Por que ficar sempre só? Quando estamos acompanhados, rezamos com muito mais alegria. Deus não criou o homem para que ele ficasse só, mas para que cada um ajude o seu próximo e juntos obtenham a salvação, cada um segundo suas possibilidades. Observe os santos e os doutores ecumênicos; eles estavam em atividade dia e noite, cuidando da Igreja e pregando por toda parte ao invés de ficar na solidão, escondidos dos seus irmãos.

– Cada um recebe de Deus o dom que lhe convém, meu pai; muitos pregaram para as multidões e muitos viveram na solidão. Cada um agiu conforme sua vocação, acreditando que era essa a via da salvação que Deus lhes havia indicado. Mas como o senhor explica que muitos santos tenham deixado as dignidades e as honrarias da Igreja e tenham fugido para o deserto, para não serem tentados no mundo? Santo Isaac o Sírio abandonou seus fiéis e o Bem-aventurado Atanásio o Atonita[xxx] deixou seu monastério; eles consideravam esses lugares demasiado sedutores e realmente acreditavam nas palavras de Jesus Cristo: *Pois que aproveita ao homem ganhar o mundo inteiro, se perder a sua alma?* (Mt 16,26).

– Mas eles foram grandes santos, replicou o padre.

– Se os santos se precaviam com tanto cuidado do contato dos homens, respondi, o que não dizer de um pobre pecador!

Despedi-me, enfim, desse bom padre e nós nos separamos afetuosamente.

Após ter percorrido dez *verstas*, parei para passar a noite em um vilarejo. Lá havia um camponês que estava gravemente enfermo e que encontrava-se à morte. Aconselhei sua família que o fizesse comungar e receber os santos sacramentos do Cristo. Pela manhã, eles mandaram buscar um padre no povoado. Fiquei para inclinar-me diante dos santos dons e para orar durante o grande sacramento. Estava sentado sobre um banco diante da casa aguardando pelo padre quando, de repente, vi correr na minha direção a jovem que eu tinha visto orar na capela.

– Como você chegou até aqui?, perguntei.

– Tudo estava pronto para que eu me casasse com o *raskolnik*; acabei fugindo.

Depois, jogando-se aos meus pés, ela exclamou:

– Oh! Por piedade, leve-me junto com você e conduza-me até um convento; não quero me casar, viverei em um monastério recitando a oração de Jesus. Eles vão escutá-lo e me aceitarão.

– Para onde devo levá-la? Não conheço nenhum convento por aqui, e sem um passaporte você não será aceita em lugar algum. Para onde quer que você vá, eles a acharão e a farão voltar e você será severamente punida pela sua fuga. Volte para casa e ore a Deus! Se você não quer se casar, finja alguma incapacidade. Isso se chama uma mentira piedosa; assim agiu, entre outras, a santa mãe de Clemente, a Bem-aventurada Marina[XXXI], que encontrou sua salvação em um monastério de homens.

Nós ainda estávamos conversando quando vimos chegar quatro camponeses em uma charrete puxada por dois cavalos. Eles galoparam diretamente na nossa direção e, acercando-se da jovem, colocaram-na na charrete; um deles a conduziu de volta, enquanto os outros três atavam minhas mãos e me forçavam a voltar ao vilarejo onde eu tinha passado o verão. A todas minhas tentativas de explicação, eles respondiam, gritando: "Nós vamos mostrar, santinho, o que acontece com quem seduz as garotas por aqui!" Ao anoitecer, eles me levaram à prisão do vilarejo, colocaram-me em ferros e abandonaram-me até a manhã seguinte, quando eu seria julgado. O padre, sabendo que eu estava na prisão, veio me visitar, trazendo a ceia. Ele me consolou e disse que tomaria minha defesa declarando, enquanto meu confessor, que eu não tinha as tendências das quais estava sendo acusado. Ele ficou um pouco comigo e depois partiu.

Ao cair da noite, passou por ali o chefe do distrito e contaram a ele o ocorrido. Ele deu ordem para que a assembleia comunitária fosse convocada e que me levassem a julgamento. Depois de termos entrado, ficamos de pé, esperando. O chefe do distrito não demorou a chegar; sem sequer tirar o chapéu, logo sentou-se à mesa, gritando, já visivelmente agitado:

— Ei, Epifânio! Essa jovem, sua filha, ela não levou nada da sua casa?

— Nada, Senhor!

— Ela não cometeu nenhuma besteira com esse idiota?

— Não, Senhor!

— Então, o caso está julgado e decidido: faça com a sua filha o que bem quiser; e quanto a esse sujeito, amanhã nós faremos com que ele parta e que jamais volte a colocar os pés aqui. E isso é tudo!

Tendo dito essas palavras, o chefe do distrito levantou-se e foi dormir; quanto a mim, levaram-me de volta à prisão. No dia seguinte, de manhã cedo, vieram dois camponeses me açoitarem, para em seguida me libertarem. Parti agradecendo ao Senhor, que me permitira sofrer em seu Nome. Isso me serviu de consolo e estimulou ainda mais a minha dedicação à prática da oração.

Todos esses acontecimentos não me deixaram triste; era como se eles tivessem acontecido com outra pessoa e eu fosse apenas o espectador. Eu conseguira suportar até mesmo o açoite, pois a oração alegrava meu coração e não permitia que eu fizesse atenção a outra coisa.

Após ter percorrido quatro *verstas*, encontrei a mãe da moça que voltava do mercado. Ela parou e disse:

– O noivo nos deixou. Ele aborreceu-se com Akoulka[20] por ela ter fugido.

Ela deu-me pão e biscoitos e eu continuei meu caminho.

O tempo estava bom e eu não tinha vontade de dormir em nenhum povoado; avistei dois montes de feno na floresta e lá me instalei para passar a noite. Adormeci e comecei a sonhar que estava caminhando na estrada lendo os capítulos de Santo Antônio, o Grande na *Filocalia*. De repente, o *stárets* veio ao meu encontro e me disse: "Não é essa passagem que você deve ler". E ele me indicou o capítulo trinta e cinco de João de Kharpatos[XXXII] onde está escrito: "Às vezes, o discípulo é entregue à desonra e suporta provações por aqueles a quem ele ajudou espiritualmente". E ele me mostrou ainda o capítulo quarenta e um, onde está escrito: "Todos aqueles que se dedicarem ardentemente à oração são presa das tentações mais terríveis e exaustivas".

Em seguida, ele me disse:

– Tenha coragem e não se deixe abater! Lembre-se das palavras do Apóstolo: "*Aquele que está em ti é maior do que aquele que está no mundo*" (1Jo 4,4). Você conheceu agora, por experiência própria, que não há tentação que esteja além das forças do homem. "*Pois, com a tentação, vos dará também o meio de sair e a força para que possais suportá-la*" (1Cor 10,13). Os santos, que não apenas passaram sua vida orando, mas que também buscaram, por amor, ensinar e iluminar os outros, foram sustentados pela esperança na ajuda do Senhor. Eis as palavras de Gregório de Tessalônica[XXXIII] a esse respeito: "Não basta orar continuamente ao Nome de Jesus Cristo segundo o mandamento divino, é preciso

---

20. Diminutivo de Akoulina, forma popular de Acyline, Santa da Igreja Ortodoxa Grega.

mostrar esse ensinamento a todos, monges, laicos, inteligentes ou simplórios, homens, mulheres ou crianças, para despertar neles o zelo pela oração interior". O Bem-aventurado Calisto Telicoudas[XXXIV] expressa-se da mesma maneira: "A atividade espiritual (ou seja, a oração interior), o conhecimento contemplativo e os meios para elevar a alma não devem ser guardados apenas para si, é preciso comunicá-los através da escrita ou através de discursos pelo bem e pelo amor de todos. A palavra de Deus afirma que *o irmão que é ajudado pelo seu irmão é como uma cidade alta e forte* (Pr 18,19). É preciso apenas fugir da vaidade com todas as suas forças e velar para que o bom grão do ensinamento divino não seja levado pelo vento".

Ao acordar, senti uma enorme alegria em meu coração e uma nova força brotou em minha alma. E assim segui meu caminho.

Curas maravilhosas

Muito tempo depois, tive outra aventura. Se vocês quiserem, eu a contarei.

Um dia, era um 24 de março, eu senti uma necessidade irresistível de comungar nos santos mistérios do Cristo, no dia consagrado à Mãe de Deus em lembrança da sua Anunciação divina. Perguntei se havia alguma igreja nas redondezas; responderam-me que eu poderia encontrar uma a trinta *verstas* dali.

Caminhei o resto do dia e toda a noite para chegar à igreja na hora das matinas[21]. O tempo era dos piores; ora era a neve que caía, ora era a chuva, acompanhada de um vento forte e gelado. O caminho era atravessado por um

---

21. A primeira parte do ofício divino rezada de madrugada (N.T.).

riacho que estava congelado; eu tinha dado apenas alguns passos quando o gelo se quebrou sob os meus pés e eu afundei na água até a cintura. Cheguei completamente encharcado, mas assisti às matinas e também à missa, durante a qual Deus permitiu que eu comungasse.

Para passar esse dia na paz, sem nada que perturbasse minha alegria espiritual, pedi ao guarda que me deixasse ficar até o dia seguinte na sua guarita. Passei o dia sentindo uma alegria indescritível e também uma grande paz no coração. Eu estava deitado sobre um banco nessa cabana não aquecida como se repousasse sobre o seio de Abraão: a oração agia com toda força. O amor por Jesus Cristo e pela Mãe de Deus atravessava meu coração em ondas benfazejas e minha alma estava mergulhada em um êxtase consolador.

Ao cair da noite, senti uma súbita e violenta dor nas pernas e lembrei-me de que elas estavam molhadas. Afastei essa distração e voltei a mergulhar na oração; não senti mais dor. Quando quis me levantar pela manhã, eu não conseguia mais mover minhas pernas. Elas estavam sem força e tão débeis quanto uma mecha de feno. O guarda tirou-me de cima do banco e permaneci dois dias sem conseguir me mover.

No terceiro dia, o guarda expulsou-me da guarita, dizendo: "O que vou fazer se você morrer aqui? É preciso que você vá embora". Consegui me arrastar sobre minhas mãos até o pórtico da igreja onde permaneci deitado. Ali fiquei durante cerca de dois dias. As pessoas que passavam não davam a menor atenção nem a mim, nem aos meus pedidos.

Enfim, um camponês aproximou-se de mim e começou a conversar:

— O que você vai me dar em troca se eu curá-lo? Tive exatamente a mesma coisa e conheço o remédio.

– Não tenho nada, respondi.

– O que você carrega dentro do seu saco?

– Apenas pão seco e livros.

– Pois bem, você trabalhará para mim durante um verão se eu conseguir curá-lo.

– Também não posso trabalhar; tenho um braço inválido.

– Então o que você sabe fazer?

– Nada, a não ser ler e escrever.

– Ah! Escrever! Então, você ensinará o meu filho a escrever. Ele já sabe ler um pouco e eu gostaria que ele também aprendesse a escrever. Mas os mestres cobram caro, vinte rublos para ensinar toda a arte da escrita.

Ficamos, então, assim combinados. Com a ajuda do guarda eles me transportaram até a casa do camponês, onde me colocaram em um dos velhos banhos[22] nos fundos da sua quinta.

Ele começou, então, o meu tratamento colhendo nos campos, nas alamedas e nos poços destinados ao lixo uma grande quantidade de velhos ossos de animais e de pássaros de todo tipo. Ele os lavou, os quebrou em pedacinhos com a ajuda de uma pedra e os colocou dentro de uma grande vasilha que foi coberta com uma tampa que continha um furo no meio; em seguida, ele derramou todo o conteúdo dentro de um recipiente que ele tinha afundado na terra. Cuidadosamente, untou o fundo do recipiente com uma camada grossa de argila e o cobriu com achas de lenha que ele deixou queimando durante mais de vinte e

---

22. Casinha de madeira destinada aos banhos a vapor, em uso por toda a Rússia. Para evitar os riscos de incêndio, os banhos situavam-se nos fundos das propriedades, em um lugar afastado das demais construções.

quatro horas. Ao colocar a lenha, ele me disse: "Tudo isso vai virar uma espécie de piche de ossos".

No dia seguinte, ele desenterrou o recipiente para dentro do qual tinha escorrido, através do orifício na tampa, cerca de um litro de um líquido grosso, avermelhado e oleoso que tinha cheiro de carne fresca. Os ossos tinham ficado na vasilha; antes eles tinham um aspecto negro e apodrecido, agora eles estavam tão brancos e transparentes quanto o nácar ou as pérolas.

Eu friccionava minhas pernas cinco vezes ao dia com esse líquido. E vocês acreditam no que aconteceu? No dia seguinte eu senti que podia mexer os dedos; no terceiro dia, eu já conseguia dobrar as pernas e, no quinto dia, eu consegui ficar de pé e caminhar no pátio com a ajuda de um cajado. Ao cabo de uma semana, minhas pernas estavam normais.

Agradeci a Deus e disse a mim mesmo: a sabedoria de Deus é revelada nas suas criaturas! Os ossos secos, ou podres, já prestes a voltar à terra, guardam em si a força vital, a cor e o cheiro; eles exercem sua ação sobre os corpos vivos aos quais eles podem devolver a vida! Era uma dádiva da ressurreição futura. Eu tinha tido a oportunidade de fazer o guarda florestal conhecer isso, ele, que duvidava da ressurreição dos corpos e em cuja casa eu morei!

Assim curado, comecei a ensinar ao menino. Escrevi como modelo a oração de Jesus e fiz com que ele a copiasse, mostrando-lhe como as letras se formavam. Para mim, essa tarefa era um repouso, pois durante o dia ele trabalhava na casa do intendente e só vinha ao meu encontro quando este estava dormindo, ou seja, de manhã cedo. A criança era esperta e logo estava escrevendo de forma praticamente correta.

O intendente, vendo-o escrever, perguntou-lhe:

– Quem o está ensinando a escrever?

O menino respondeu que era o peregrino manco que vivia na propriedade deles, na velha casa de banhos. O intendente, curioso – era um polonês –, veio me ver e chegou no momento exato em que eu lia a *Filocalia*. Ele conversou um pouco comigo e disse:

– O que você está lendo?

Mostrei-lhe o livro.

– Ah! É a *Filocalia*, ele disse. Eu vi esse livro na casa do nosso cura quando eu morava em Vilna[23]. Mas ouvi dizer que ele contém estranhas receitas e procedimentos de oração inventados por alguns monges gregos que seguem o exemplo de alguns fanáticos da Índia e de Boukhara, que, por sua vez, enchem seus pulmões e começam a gritar de maneira estúpida quando conseguem sentir uma pequena comichão no coração, pois eles acreditam que essa sensação natural é uma oração dada por Deus. Para cumprirmos nosso dever para com Deus basta recitar, como nos ensinou o Cristo, o *Pai-nosso* todas as manhãs e estamos quites pelo resto do dia. Mas se ficarmos repetindo o tempo todo a mesma coisa, corremos o risco de enlouquecer e de prejudicar o coração.

– Não fale assim desse santo livro, meu bom senhor. Não são simples monges gregos que o escreveram, mas antigos e santos personagens que sua Igreja também venera, como Antônio o Grande[xxxv], Macário o Grande[xxxvi], Marcos o Asceta[xxxvii], João Crisóstomo e outros. Os monges da Índia e de Boukhara utilizaram a técnica da oração do coração, mas eles a desfiguraram e a arruinaram – assim contou meu *stárets*. Na *Filocalia*, todos os ensinamentos sobre a oração interior são tirados da Palavra divina, da san-

---

23. A cidade de Vilna, conhecida hoje em dia pelo nome de Vilnius, é a capital da Lituânia. Ao longo de sua história, ela já foi alemã, polonesa e russa.

ta Bíblia, na qual Jesus Cristo, que nos ordenou rezar o *Pai-nosso*, também afirmou, com essas palavras, que era preciso orar sem cessar: *Amarás o Senhor teu Deus de todo o teu coração, e de toda a tua alma, e de todo o teu pensamento* (Mt 22,37); *Olhai, vigiai e orai* (Mc 13,35); *Estai em mim, e eu em vós* (Jo 15,4). E os Santos Padres, citando o testemunho do Rei Davi nos salmos: *Provai e vede que o Senhor é bom; bem-aventurado o homem que nele confia* (Sl 34,9), interpretaram suas palavras dizendo que o cristão deve fazer tudo para conhecer a doçura da oração, ele deve incessantemente buscar nela consolo e não se contentar em recitar o *Pai-nosso* apenas uma vez ao dia. Vou ler para o senhor o que os Padres dizem a respeito daqueles que não tentam estudar a benfazeja oração do coração. Eles declaram que essas pessoas cometem um triplo pecado, pois:

I – eles estão em contradição com as Santas Escrituras;

II – eles não admitem que haja para a alma um estado superior e perfeito: ao contentar-se com as virtudes externas, eles ignoram a fome e a sede de justiça, assim privando-se da beatitude em Deus;

III – ao levar em consideração apenas suas virtudes externas, eles frequentemente satisfazem-se consigo mesmo e caem na vaidade.

– Você está lendo algo muito elevado, disse o intendente; mas como, nós, laicos, podemos seguir tal via?

– Venha, eu vou ler a passagem que nos ensina como os homens de bem, apesar de laicos, puderam aprender a oração constante. Abri a *Filocalia* na página que narrava o tratado de Simeão o Novo Teólogo sobre o jovem Jorge e comecei a ler.

A leitura agradou ao intendente e ele me disse:

– Dê-me esse livro e eu o lerei durante meus momentos livres.

— Se o senhor quiser, eu poderei dá-lo um dia, mas não agora, pois eu o leio sem parar e não posso ficar sem ele.

— Mas você poderá ao menos copiar essa passagem para mim; eu pagarei por isso.

— Não preciso do seu dinheiro, mas eu a copiarei com alegria, esperando que Deus desperte seu fervor pela oração.

Copiei imediatamente a passagem que tinha lido. Ele a leu para a sua mulher e ambos gostaram muito. A partir daquele dia, eles passaram a mandar vir me buscar de vez em quando. Eu vinha com a *Filocalia* que lia em voz alta; eles escutavam enquanto tomavam chá. Um dia, eles me convidaram para jantar. A mulher do intendente, uma amável senhora, estava conosco; ela comia um peixe grelhado. De repente, ela engoliu uma espinha de peixe; apesar de todos nossos esforços, nós não conseguimos fazer com que ela se libertasse da espinha. Ela sentia muita dor na garganta e duas horas mais tarde ela teve que ir se deitar. Nós mandamos buscar o médico, que morava a trinta *verstas* dali, e eu voltei para casa sentindo-me triste.

Durante a noite, como eu tinha o sono leve, eu ouvi subitamente a voz do meu *stárets*, mas não vi ninguém. A voz me dizia: "Seu patrão o curou e você nada pode fazer pelo intendente? Deus ordenou que nós nos compadecêssemos da infelicidade do próximo".

— Eu ficaria feliz em poder ajudá-la, mas como? Não conheço nenhum remédio.

— Eis o procedimento que você deve seguir: ela sempre teve uma profunda repugnância pelo óleo de rícino; dê a ela uma colherada de óleo de rícino e ela irá vomitar, a espinha sairá, o óleo acalmará a ferida da sua garganta e ela ficará curada.

— E como eu farei para que ela beba, já que ela tem horror ao óleo?

— Peça ao intendente para segurar a sua cabeça e derrame o líquido à força na sua boca.

Eu despertei do meu sono e saí correndo para a casa do intendente, a quem narrei tudo em detalhe. Ele me disse:

— De que servirá o óleo? Ela já está com febre, delirando, e seu pescoço está todo inchado. De qualquer maneira, nós podemos tentar; mesmo que o óleo não faça bem, mal também não vai fazer.

Ele derramou óleo de rícino em um copo pequeno e nós conseguimos fazer com que ela o engolisse. Imediatamente, ela teve uma forte crise de vômito e cuspiu a espinha misturada a um pouco de sangue. Sentindo-se melhor, ela adormeceu profundamente.

Na manhã seguinte fui perguntar como ela estava passando e a encontrei bebendo chá junto a seu marido. Eles estavam surpresos com a sua cura e, sobretudo, com aquilo que me tinha sido contado em sonho a respeito da sua repugnância pelo óleo de rícino, pois eles jamais tinham mencionado isso a alguém. Nesse momento, chegou o médico: o intendente contou-lhe como ela tinha sido curada e como o camponês tinha cuidado das minhas pernas. O médico declarou:

— Esses dois casos não são nenhuma surpresa; foi uma força da natureza que agiu em ambas as vezes; no entanto, guardarei isso na minha memória. Ele tirou um lápis do bolso e escreveu algumas palavras na sua caderneta.

Logo correu o boato de que eu era um adivinho, um curador e um mágico; vinham de todos os lados para me consultar, traziam presentes e começaram a me venerar como um santo. Ao cabo de uma semana, refleti sobre tudo que estava acontecendo e tive medo de cair na vaidade e na dissipação. Na noite seguinte, deixei o povoado em segredo.

Chegada a Irkoutsk

Assim, continuei avançando sobre meu caminho solitário, sentindo-me tão leve como se uma montanha tivesse caído dos meus ombros. A oração me consolava cada vez mais; às vezes meu coração ardia com um amor infinito por Jesus Cristo e esse maravilhoso ardor propagava-se em ondas benfazejas por todo o meu ser. A imagem de Jesus Cristo estava tão bem gravada no meu espírito que, ao pensar nos acontecimentos do Evangelho, eu tinha a impressão de vê-lo diante dos meus olhos. Eu me sentia emocionado e chorava de alegria; às vezes eu sentia uma tal felicidade que me faltam as palavras para descrevê-la. Em algumas ocasiões, eu permanecia três dias afastado de todo tipo de habitação humana e, extasiado, me sentia só sobre a terra, vil pecador diante de Deus, compassivo e amigo dos homens. Essa solidão era a minha felicidade e a oração mostrava-se muito mais doce do que quando eu estava em contato com os homens.

Cheguei, enfim, a Irkoutsk. Após ter me inclinado diante das relíquias de Santo Inocêncio, eu me perguntei para onde iria a seguir. Não sentia a menor vontade de permanecer muito tempo na cidade, pois ela era muito povoada. Eu caminhava pelas ruas refletindo a respeito. De repente, encontrei um mercador do país que me deteve e disse:

– Você é um peregrino? Por que você não vem para a minha casa?

Chegamos na sua rica casa. Ele perguntou-me quem eu era e eu contei-lhe minha viagem. A essas palavras, ele disse:

– Você deveria ir até a antiga Jerusalém. Lá existe uma santidade que não é comparável a nenhum outro lugar.

– Eu iria com alegria, respondi, mas não tenho como pagar a travessia, pois é preciso muito dinheiro.

– Se você quiser, eu poderei indicar-lhe uma maneira, disse o mercador. No ano passado, eu enviei para lá um velho amigo nosso.

Caí a seus pés e ele me disse:

– Escute, eu lhe darei uma carta endereçada ao meu filho que se encontra em Odessa e faz comércio com Constantinopla[24]. Você poderá ir em um de seus barcos até Constantinopla e, de lá, seus escritórios pagarão a viagem até Jerusalém. Não custa tão caro assim.

Ao ouvir essas palavras, enchi-me de alegria, agradeci profundamente esse benfeitor e agradeci sobretudo a Deus que manifestava um amor assim tão paternal para comigo, pecador empedernido, que não fazia nenhum bem nem a si nem aos outros, e que comia, sem tê-lo merecido, o pão de outrem.

Fiquei três dias na casa desse generoso mercador. Ele me deu uma carta endereçada a seu filho e agora vou a Odessa na esperança de poder chegar à santa cidade de Jerusalém. Mas não sei se o Senhor permitirá que eu me incline diante do seu sepulcro vivificante.

---

24. Odessa, o maior porto da Ucrânia e Constantinopla, então capital do Império Otomano. Uma navegação comercial importante unia ambas cidades. Os peregrinos que iam até Jerusalém preferiam utilizar essa via, não apenas por ser mais fácil e mais segura que a via terrestre, mas também porque ela permitia que eles visitassem os lugares santos cristãos e as igrejas de Constantinopla sem se desviar do caminho rumo à Terra Santa. Apesar de Constantinopla ter sido rebatizada de Istambul em 1453, os russos preferiam continuar a chamá-la pelo antigo nome, quando a cidade era a capital do Império cristão do Oriente.

Terceiro relato

Antes da minha partida de Irkoutsk, eu voltei à casa do meu pai espiritual, com quem eu já tinha tido algumas conversas, e lhe disse:

– Eis-me aqui, a caminho de Jerusalém. Eu vim para despedir-me e para agradecer pela sua caridade cristã para comigo, miserável peregrino.

Ele me disse:

– Que Deus abençoe o seu caminho. Mas você nada contou a seu respeito, quem você é e de onde você vem. Escutei muitas histórias sobre suas viagens e gostaria de saber mais sobre sua origem e sua existência até o momento em que você começou a sua vida errante.

– Eu contarei tudo com prazer, disse. Não é uma história muito longa.

A vida de peregrino

Nasci em uma cidade da Província de Orel[25]. Meu irmão mais velho e eu ficamos sós após a morte de nossos pais. Ele tinha dez anos e eu, três. Nosso avô veio tomar conta de nós e fomos morar com ele. Ele era um senhor idoso, honrado e possuía uma situação cômoda. Tinha

---

25. A Província de Orel (Orlovsk): região agrícola, situada ao norte da Ucrânia.

uma hospedaria que ficava às margens da estrada principal e, como ele era muito bom, muitos viajantes demoravam-se ali. Fomos, portanto, viver com ele; meu irmão era muito vivo e estava sempre se movendo pela cidade, já eu preferia ficar perto do meu avô. Nos dias de festa, ele nos levava à igreja e em casa lia frequentemente a Bíblia, que é essa que eu carrego comigo. Meu irmão cresceu e começou a beber. Um dia, quando eu tinha sete anos, estava deitado com ele sobre a estufa[26]; nesse momento ele me empurrou e fez com que eu caísse. Machuquei meu braço esquerdo e, desde então, não pude mais me servir dele e ele acabou "secando".

Meu avô, vendo que eu não poderia vir a me empregar nos trabalhos do campo, decidiu me ensinar a ler e, como nós não tínhamos um alfabeto, ele se serviu desta Bíblia para me ensinar. Ele me mostrava as letras e me obrigava a soletrar as palavras e, mais tarde, a escrever as letras. Assim, sem saber exatamente como, à força da repetição, acabei aprendendo a ler. Mais tarde, quando já não enxergava mais direito, ele me fazia ler a Bíblia em voz alta e me corrigia. O escrivão vinha frequentemente à nossa casa. Possuía uma bela letra e eu adorava vê-lo escrever. Comecei a formar as palavras por conta própria, seguindo o seu exemplo. Ele me indicava como eu deveria fazer, dava-me papel, tinta e um apontador para a minha pluma. Assim, também aprendi a escrever. Meu avô ficou feliz e dizia:

– Deus concedeu-lhe o saber das letras, você será um homem. Agradeça o Senhor e ore com mais frequência.

---

26. Nas *izbas*, a estufa era um importante edifício que permanece sempre aquecido. Sobretudo durante o inverno, os camponeses arrumavam sua cama sobre a parte superior. É normal as pessoas idosas permanecerem lá o dia inteiro.

Nós íamos à igreja para todos os serviços religiosos e, em casa, nós também orávamos frequentemente. Eles faziam com que eu recitasse: *Tenha piedade de mim, Senhor* e o avô e a avó prosternavam-se até o chão ou mantinham-se de joelhos. Assim cheguei à idade de dezessete anos; foi quando minha avó morreu. O avô me disse:

– Ficamos sem uma dona de casa – como vamos fazer sem uma mulher? Seu irmão mais velho não serve para nada, eu vou arranjar uma mulher para você se casar.

Recusei devido à minha invalidez, mas meu avô insistiu e casaram-me com uma jovem boa e séria. Ela tinha vinte e um anos. Um ano se passou e meu avô adoeceu gravemente. Ele me chamou, despediu-se de mim e disse:

– Deixo para você a casa e tudo que tenho. Viva como se deve viver, não engane ninguém e, sobretudo, ore a Deus, tudo vem dele. Deposite sua esperança apenas em Deus, vá à igreja, leia a Bíblia e lembre-se de nós nas suas orações. Tenho aqui mil rublos em dinheiro: guarde-os, não os gaste por nada, mas também não seja avaro, dê aos mendigos e às igrejas de Deus.

Ele morreu e eu o enterrei. Meu irmão ficou com ciúmes por eu ter recebido a hospedaria de herança. Ele causou-me vários aborrecimentos e o Inimigo o tentou tanto que ele decidiu matar-me. Uma noite, enquanto dormíamos e não havia viajantes na hospedaria, ele entrou na despensa e a incendiou após ter levado todo o dinheiro que estava em um cofre. Nós acordamos quando toda a casa já estava em chamas; só tivemos tempo para saltar pela janela do jeito que estávamos.

Guardávamos a Bíblia sob o travesseiro e conseguimos levá-la conosco. Vimos nossa casa queimar, mas nos dizíamos: "Graças a Deus! Salvamos a Bíblia, poderemos ao menos nos consolar na desgraça". Assim, todo nosso patrimônio não passava de cinzas e meu irmão desapareceu do país. Mais tarde, após uma bebedeira, contou o que tinha feito e nós soubemos que tinha sido ele quem colocara fogo na casa e roubara todo o dinheiro.

Ficamos nus e sem nada, verdadeiros mendigos. Pouco a pouco, fazendo alguns empréstimos, conseguimos levantar um casebre e ali vivemos como pobres diabos. Minha mulher não conhecia rival na arte de tecer, fiar e costurar. Ela pegava encomendas na casa das pessoas e trabalhava noite e dia para me alimentar. Por causa do meu braço, eu não conseguia sequer trançar sapatos de cortiça. Normalmente, ela fiava ou tecia e eu, sentado ao seu lado, lia a Bíblia. Ela escutava e por vezes começava a chorar. Quando eu lhe perguntava:

— Por que você está chorando? Graças a Deus estamos seguindo em frente. Ela respondia:

— Estou comovida, pois a Bíblia está muito bem escrita.

Nós nos lembrávamos também da recomendação do meu avô e jejuávamos frequentemente. Todas as manhãs líamos o hino acatista[xxxviii] e todas as noites cada um fazia mil inclinações diante dos ícones para não cairmos em tentação. Assim vivemos tranquilamente durante dois anos; no entanto, o mais surpreendente é que nós nada conhecíamos sobre a oração interior feita no coração, nós jamais tínhamos ouvido falar dela, orávamos apenas com a língua, fazendo inclinações como dois bobos. Contudo, o desejo de orar estava presente, essa longa oração externa não nos parecia difícil e a cumpríamos com prazer. Sem dúvida tinha razão o mestre quando me disse que existe no interior do homem uma oração misteriosa que ele próprio não sabe como ela se produz, mas ela estimula cada um a orar segundo o que pode e sabe.

Após dois anos vivendo essa vida, minha mulher contraiu uma febre alta e, no nono dia, após ter comungado, ela morreu. Fiquei sozinho, completamente sozinho, e nada podia fazer; só me restava sair mundo afora mendigando, mas eu tinha vergonha de pedir esmola. Além disso, sentia-me tão triste quando pensava na minha mulher que eu não sabia para onde ir. Quando entrava na cabana e via um de seus vestidos ou o seu lenço para a cabeça, eu começava a soluçar e desmaiava. Eu não suportava a minha tristeza e não conseguia viver daquela maneira. Assim, vendi a cabana por vinte rublos e distribuí as minhas roupas e as da minha mulher aos pobres. Por causa da minha invalidez, deram-me um passaporte perpétuo[27]. Peguei minha querida Bíblia e fui embora mundo afora, sem destino preciso.

Uma vez chegado à estrada, eu me perguntei: para onde vou agora? Decidi ir primeiro a Kiev[28], para me inclinar diante dos santos de Deus e pedir que me ajudassem na minha desgraça. A partir do momento em que tomei essa decisão, senti-me melhor e, ao chegar a Kiev, sentia-me aliviado. Faz treze anos que caminho sem parar; visitei muitas igrejas e monastérios, mas agora eu caminho sobretudo pelos campos e pelas estepes. Não sei se o Senhor permitirá que eu chegue até a santa Jerusalém. No entanto, se essa for a vontade de Deus, talvez eu possa ali enterrar meus ossos pecadores.

– E qual é a sua idade agora?

– Trinta e três anos.

A idade do Cristo!

---

[27]. Trata-se de um passaporte permanente concedido aos inválidos: na época do peregrino, os russos que viajavam, mesmo dentro das fronteiras do país, deveriam possuir um passaporte.

[28]. Kiev: o destino dessa peregrinação deve ter sido a Lavra Pecherskaia ou o Monastério das Grutas (ou Criptas), um monastério fundado no século XII cujas criptas contêm diversas relíquias dos santos monges que ali habitaram.

Quarto relato

Para mim, estar unido a Deus é a minha felicidade.
No Senhor, coloco minha esperança.
Sl 73,28

Ao retornar à casa do meu pai espiritual, vim pensando no provérbio "O homem põe e Deus dispõe" e achei que ele tinha razão. Pensei que iria partir hoje para a santa cidade de Jerusalém, mas não foi isso o que aconteceu. Um acontecimento completamente imprevisto me deteve aqui por mais dois ou três dias. Não pude deixar de vir vê-lo para anunciar-lhe o ocorrido e para pedir seu conselho. Eis o que se passou:

Eu tinha me despedido de todos e, com a ajuda de Deus, tinha retomado meu caminho. Estava prestes a deixar os limites da cidade, quando, na porta da última casa, eu vi um velho peregrino que fazia três anos que eu não via. Nós nos cumprimentamos e ele me perguntou para onde eu ia. Eu respondi:

– Se for da vontade de Deus, irei até a antiga Jerusalém.

– Pois tenho, então, um excelente companheiro de viagem para você.

– Muito obrigado!, disse. Mas, você não sabe que eu nunca levo comigo um companheiro e que sempre viajo só?

– Sim, mas ouça: eu sei que isso vai lhe convir. Tudo se passará bem para você se o tiver ao seu lado, e tudo se passará bem para ele se estiver com você. O pai do proprietário dessa casa, onde estou empregado como operário, fez voto de ir até Jerusalém, você não terá nenhum problema indo com ele. É um mercador da região, um bom senhor e, além do mais, ele é completamente surdo. Mesmo que gritemos, ele nada ouve; quando queremos perguntar-lhe algo, é preciso escrever a pergunta em um pedaço de papel. Ele está sempre em silêncio, e não vai atrapalhá-lo no seu caminho, mas você lhe será indispensável durante o trajeto. Seu filho lhe deu um cavalo e uma carruagem que ele poderá vender em Odessa. O velho quer caminhar a pé, mas colocaremos na sua carruagem sua bagagem e alguns donativos para o Sepulcro do Senhor. Você poderá levar os seus pertences na carruagem... Reflita sobre o assunto. Você acha que podemos deixar partir dessa maneira, completamente sozinho, um senhor idoso e completamente surdo? Procuramos um acompanhante por todos os lados, mas eles cobram muito caro e, além do mais, é perigoso deixá-lo partir com um desconhecido, pois ele leva consigo dinheiro e objetos preciosos. Aceite, irmão, será muito bom; aceite pela glória de Deus e pelo amor ao próximo. Quanto a mim, eu darei minha garantia de que você é uma pessoa de confiança e os patrões ficarão encantados; são pessoas ótimas que gostam muito de mim. Trabalho há dois anos para eles.

Após ter dito essas palavras diante da porta, ele fez com que eu o acompanhasse até a casa do seu patrão e percebi que era uma família honrada; assim, aceitei sua proposta. Nós decidimos partir dois dias depois do Natal, após termos escutado a divina liturgia, se Deus quiser.

Eis os acontecimentos inesperados que se produziram no caminho da vida! Mas é sempre Deus e sua Divina Providência que agem através das nossas ações e nossas intenções, pois como está escrito: *Porque Deus é o que opera em vós tanto o querer como o efetuar* (Fl 2,13).

Meu pai espiritual me disse:

– Eu alegro-me de todo meu coração, amado irmão, que o Senhor me tenha assim permitido revê-lo mais uma vez. E como você está livre, eu o reterei um pouco comigo e você me contará alguns dos encontros que vivenciou durante a sua vida errante, pois eu tive prazer em escutar seus outros relatos.

– Eu o farei com alegria, respondi, e comecei a falar.

Houve coisas boas e ruins e não é possível narrar tudo, pois muitas coisas já me fugiram da memória, mas eu tentei, sobretudo, guardar a lembrança daquilo que levou minha alma preguiçosa à oração; todo o resto eu raramente evoquei ou, melhor dizendo, procurei esquecer o passado, segundo o ensinamento do Apóstolo Paulo que disse: *uma coisa faço e é que, esquecendo-me das coisas que atrás ficam, e avançando para as que estão adiante de mim* (Fl 3,13). Meu bem-aventurado *stárets* me disse que os obstáculos à oração podem vir tanto da direita quanto da esquerda, ou seja, quando o inimigo não consegue distrair a alma da oração através de vãos pensamentos ou de imagens culpadas, ele faz reviver na memória recordações edificantes ou ideias harmoniosas, com o objetivo de desviar o espírito da oração, pois o inimigo não a consegue suportar. Isso se chama desvio feito para a direita: a alma, desprezando a conversa com Deus, entra em uma conversação deliciosa com ela mesma ou com as criaturas. Ele também me ensinou que, durante a oração, não devemos admitir no espírito sequer o mais belo e mais elevado pensamento e se, no final do dia, nós percebermos que passamos mais tempo praticando a meditação ou tendo conversas edificantes do que rezando a oração absoluta e pura, devemos considerar isso como uma imprudência ou como uma avidez espiritual egoísta, sobretudo entre os comerciantes, para quem o tempo consagrado à oração deve prevalecer sobre o tempo dedicado a outras atividades piedosas.

Mas não podemos tudo esquecer. Algumas lembranças estão tão profundamente impressas na memória que elas permanecem vivas sem que precisemos evocá-las, como, por exemplo, essa família piedosa na casa de quem Deus me permitiu passar alguns dias.

Uma família ortodoxa

Um dia, ao atravessar a Província de Tobolsk[29], passei por um pequeno vilarejo. Eu estava praticamente sem pão, portanto entrei em uma casa para pedir um pouco. O dono da casa disse:

— Você chegou em boa hora, minha mulher acabou de tirar o pão do forno. Pegue este pedaço que ainda está quente e ore a Deus por nós.

Agradecendo, coloquei o pão no meu farnel. Quando a senhora me viu, ela disse:

— Como o seu farnel é pobre, ele está todo rasgado, eu vou lhe dar um outro!, e ela me deu um bom e sólido farnel.

Eu lhes agradeci do fundo do coração e parti. Na saída da cidade, pedi um pouco de sal em uma loja e o vendedor me deu um pequeno saco. Fiquei feliz e agradeci a Deus que me fizera encontrar pessoas assim tão boas.

— Estou tranquilo durante uma semana, disse para mim mesmo. Poderei dormir sem preocupações. *Minha alma, abençoado seja o Senhor!*

Eu tinha caminhado cinco *verstas* quando avistei um povoado não muito rico que tinha uma igreja em madeira, pequena, mas bem pintada por fora e harmoniosamente decorada. O caminho passava ao lado e tive vontade de me

---

29. Tobolsk: cidade russa da Ásia, situada nas proximidades dos Montes Urais.

inclinar diante do templo de Deus. Subi as escadarias externas e fiz uma prece. Havia duas crianças jogando no campo ao lado da igreja. Elas deveriam ter cerca de cinco ou seis anos. Eu disse a mim mesmo que, apesar do seu bom aspecto, elas deveriam ser filhas do padre. Terminada minha prece, fui embora. Eu ainda não tinha dado dez passos quando ouvi alguém gritar atrás de mim:

— Bom homem! Bom homem! Espere!

Eram as crianças que gritavam e que corriam na minha direção – um garotinho e uma menina; eu me detive e, ao alcançar-me, eles me deram a mão.

— Vamos para casa encontrar a mamãe, ela gosta dos mendigos.

— Eu não sou um mendigo, mas um passante.

— E o que é esse saco?

— É o meu pão para eu comer no caminho.

— Não tem importância, venha conosco, mamãe vai lhe dar dinheiro para a viagem.

— E onde está a sua mamãe?, perguntei.

— Ali, atrás da igreja, um pouco além das árvores.

Eles me fizeram entrar em um jardim maravilhoso, no meio do qual eu vi a casa grande dos senhores; nós entramos no vestíbulo. Tudo estava limpo e bem arrumado! A senhora não demorou para vir ao nosso encontro.

— Como estou contente! O Senhor o enviou a nós! Sente-se, sente-se, querido irmão!

Ela própria pegou o meu farnel, o colocou sobre uma mesa e fez com que eu me sentasse em uma cadeira extremamente macia.

— Você quer comer? Tomar um chá? Você não precisa de nada?

— Eu a agradeço humildemente, respondi, mas tenho do que comer em meu farnel e posso aceitar um pouco de chá, apesar de ser um camponês e não ter esse hábito. Sua amabilidade e gentileza me são mais preciosas do que uma refeição; orarei a Deus que a abençoe por essa hospitalidade evangélica.

Após ter dito essas palavras, eu senti uma forte necessidade de entrar em mim mesmo. A oração ardia em meu coração e eu tinha necessidade de calma e silêncio para deixar essa chama subir livremente e para dissimular um pouco os sinais externos da oração: lágrimas, suspiros, movimentos faciais ou labiais.

Assim, levantei-me e disse:

— Peço perdão, mas devo ir. Que o Senhor Jesus Cristo esteja com a senhora e com suas adoráveis crianças.

— Ah, não!, que Deus não permita que o senhor parta agora, eu não o deixarei ir. Meu marido vai voltar à noite da cidade, ele é juiz no tribunal do distrito. Ele ficaria muito feliz em encontrá-lo! Ele considera todos os peregrinos como enviados de Deus. Além disso, amanhã é domingo, você rezará conosco no ofício e comeremos juntos aquilo que Deus nos enviar. Na nossa casa, nos dias de festa, nós recebemos sempre, pelo menos, trinta pobres mendigos, irmãos do Cristo. E você ainda nada contou a seu respeito, nem de onde vem, nem para onde vai! Conte-me, eu adoro ouvir falar aqueles que veneram o Senhor! Crianças! Levem o farnel do peregrino para o quarto dos ícones, é lá que ele passará a noite.

Fui tomado de surpresa ao ouvir essas palavras e disse para mim mesmo:

— Será um ser humano ou estou diante de uma aparição?

Assim, fiquei para esperar pelo dono da casa. Contei rapidamente minha viagem e disse que estava a caminho de Irkoutsk.

– Ótimo! Disse a senhora, você deverá passar, então, por Tobolsk. Minha mãe mora lá em um convento onde é reclusa; nós lhe daremos uma carta e ela irá recebê-lo. As pessoas vão frequentemente pedir-lhe conselhos espirituais; você poderá também levar-lhe um livro de João Clímaco[XXXIX] que encomendamos para ela em Moscou. Como as coisas se encaixam bem!

Por fim, chegou a hora da refeição e nos sentamos à mesa. Chegaram ainda quatro senhoras que se sentaram conosco. Após o primeiro prato, uma delas se levantou, inclinou-se diante do ícone, diante de nós e foi buscar outro prato; para o terceiro prato, uma outra se levantou e repetiu os mesmos gestos. Ao ver isso, perguntei à dona da casa:

– Posso perguntar se essas senhoras fazem parte da sua família?

– Sim, elas são como irmãs para mim: a cozinheira, a mulher do cocheiro, a mulher que cuida das chaves e a minha camareira; todas elas são casadas, não há nenhuma mulher solteira na casa.

Ao ver e ouvir isso, eu fiquei ainda mais surpreso e agradeci a Deus por ter me conduzido à casa de pessoas tão piedosas e devotas. Eu senti a oração aflorar com força em meu coração e, assim, querendo estar só, ao nos levantarmos, disse à senhora:

– A senhora deve repousar após o almoço, mas estou tão acostumado a caminhar que irei passear um pouco pelo jardim.

– Não, eu nunca descanso após as refeições, disse a senhora. Eu o acompanharei ao jardim e você me contará algo instrutivo. Se você for sozinho, as crianças não o deixarão em paz, pois elas adoram os mendigos, irmãos do Cristo, e também os peregrinos.

Não havia nada a fazer e fomos juntos ao jardim.

Para guardar silêncio de maneira mais cômoda, inclinei-me diante da senhora e disse:

— Eu lhe pergunto, mãezinha[30], em Nome de Deus, há muito tempo que a senhora leva uma vida assim tão santa? Conte-me como a senhora chegou a esse grau de bondade.

— É fácil, disse ela. Minha mãe é bisneta de São Josafá[XL], cujas relíquias são adoradas em Belgorod. Tínhamos ali uma grande propriedade; uma das alas da casa era alugada a um fidalgo de pouca fortuna. Esse acabou morrendo, deixando sua mulher grávida. Ela também acabou morrendo após ter colocado um filho no mundo.

O recém-nascido era completamente órfão. Minha mãe o acolheu e eu nasci no ano seguinte. Nós crescemos juntos, tivemos os mesmos mestres e éramos como irmão e irmã. Quando meu pai morreu, minha mãe deixou a cidade e veio se estabelecer nessa vila. Quando crescemos, minha mãe casou-me com seu afilhado, meu irmão adotivo, nos deu essa vila e decidiu entrar em um convento. Após ter nos dado suas bênçãos, ela recomendou que vivêssemos como cristãos, que orássemos sempre a Deus e que observássemos, antes de tudo, o mandamento mais importante, ou seja, o amor ao próximo que se manifesta na ajuda aos pobres, irmãos do Cristo, e educando nossos filhos no temor a Deus e tratando nossos servos como irmãos. Há dez anos que vivemos aqui nesse lugar afastado, tentando obedecer aos conselhos da nossa mãe. Temos um asilo para os mendigos, lá se encontram mais de dez nesse momento, inválidos ou enfermos. Se você quiser, poderemos ir lá amanhã.

---

30. As expressões "paizinho" (*batiushka*) e "mãezinha" (*matushka*) são usadas na Rússia para dirigir-se a pessoas que inspiram respeito e carinho.

Ao término do seu relato, eu lhe perguntei:

– E onde está esse livro de João Clímaco que a senhora quer enviar à sua mãe?

– Vamos voltar para casa, eu irei mostrá-lo.

Mal tínhamos começado a ler quando o senhor chegou. Nós nos beijamos como irmãos, à moda cristã, e ele me levou ao seu quarto, dizendo:

– Venha, meu irmão, venha ao meu escritório, abençoe minha cela. Indicando sua mulher, ele disse: Acredito que ela o aborreceu, pois quando encontra um peregrino ou uma pessoa enferma ela fica tão feliz que não deixa mais a pessoa; esse é um velho costume na sua família.

Entramos no seu escritório. Que enorme quantidade de livros! Quantos ícones maravilhosos e uma cruz em tamanho natural diante da qual estava colocado um evangelho! Fiz o sinal da cruz e disse:

– Sua casa, senhor, é o paraíso de Deus. Olhe aqui; aqui estão o Senhor Jesus Cristo, sua Mãe imaculada e seus santos servos; e ali estão suas palavras e seus ensinamentos vivos e imortais. Acredito que o senhor tenha grande prazer em conversar com eles.

– Sim, respondeu, eu gosto muito de ler.

– Que tipo de livro o senhor possui?, perguntei.

– Tenho muitos livros e textos espirituais: esse é o *Menologion*[31], as obras de São João Crisóstomo, de Basílio o Grande, várias obras filosóficas ou teológicas e numerosos sermões de pregadores contemporâneos. Essa biblioteca me custou cinco mil rublos.

---

31. Obra que narra as vidas dos santos de mês a mês, segundo a data das suas respectivas festas.

– O senhor não teria alguma obra sobre a oração?, perguntei.

– Gosto muito dos livros sobre a oração. Esse é um opúsculo recentemente publicado, obra de um padre de São Petersburgo.

O senhor puxou da sua estante um comentário sobre o *Pai-nosso* e nós começamos a lê-lo. Logo chegou a senhora; ela vinha com o chá e as crianças carregavam uma cesta em prata repleta de um tipo de confeito e doces como eu jamais provara. O senhor tomou o livro das minhas mãos e, entregando-o à sua mulher, disse:

– Ela vai ler para nós, pois ela lê muito bem e beberemos algo durante a leitura.

A senhora começou a ler. Ao escutá-la, senti a oração que aflorava em meu coração; quanto mais ela lia, tanto mais a oração se desenvolvia e eu me alegrava. De repente, vi passar diante de mim uma forma que atravessava o ar, como se fosse o meu falecido *stárets*. Fiz um movimento em sua direção e, querendo dissimulá-lo, disse: "Perdoem-me, eu cochilei". Nesse momento, tive a impressão de que o espírito do *stárets* entrava em meu espírito e o iluminava, pois senti em mim uma espécie de grande claridade e inúmeras ideias relativas à prece vieram à minha mente. Eu fiz o sinal da cruz e esforcei-me para afastar essas ideias; nesse momento, a senhora terminou a leitura e o senhor perguntou se ela tinha sido do meu agrado. Seguimos conversando sobre o assunto.

– Ela me agradou muito, disse. Dentre as orações escritas, o *Pai-nosso* é a prece mais elevada e valiosa que temos, pois foi o próprio Senhor Jesus Cristo quem a ensinou. O comentário que a senhora leu é excelente, mas ele é completamente voltado à vida ativa do cristão; nas minhas leituras das obras dos Padres da Igreja encontrei explicações que são, sobretudo, místicas e orientadas à contemplação.

— Em quais escritos você encontrou essas explicações?

— Encontrei, por exemplo, nas obras de Máximo o Confessor[XLI] e na *Filocalia*, com Pedro Damasceno[XLII].

— Você se lembra desses trechos? Poderia repeti-los para nós?

— Com certeza. A oração inicia com as seguintes palavras: *Pai nosso que estais nos céus*; o livro que a senhora acabou de ler afirma que essas palavras significam que devemos amar fraternalmente nosso próximo, pois somos todos filhos do mesmo Pai. Isso está corretíssimo, mas os Padres acrescentam a essa afirmativa um comentário mais espiritual — eles dizem que, ao pronunciar essas palavras, devemos elevar nosso espírito ao Pai celeste e nos lembrar da obrigação de estar em todos os momentos na presença de Deus.

Nesse livro, as palavras *Santificado seja o vosso Nome* são interpretadas no sentido de que não devemos invocar em vão o Nome do Senhor; no entanto, os comentaristas místicos veem nessas palavras um apelo para que recitemos a oração interna do coração; ou seja, para que o Nome de Deus seja santificado, é preciso que ele esteja gravado no interior do coração e que, através da oração perpétua, ele santifique e ilumine todos os sentimentos, todas as forças da alma.

As palavras *Venha a nós o vosso reino* são explicadas da seguinte maneira pelos Padres: que venham a paz interior, o descanso e a alegria espiritual aos nossos corações. O livro explica que as palavras *O pão nosso de cada dia* referem-se às necessidades da nossa vida corporal e sobre aquilo que é necessário para vir em ajuda ao próximo. Mas Máximo o Confessor compreende por "pão nosso de cada dia" o pão celeste que alimenta a alma, ou seja, a palavra de Deus e a união da alma com Deus para a contemplação e a oração perpétua no interior do coração.

— Ah! Então, a oração interior é uma obra difícil, quase impossível para aqueles que vivem nesse mundo, exclamou o senhor. Precisamos de toda a ajuda do Senhor para cumprir com diligência as orações quotidianas.

— Não fale assim. Se essa fosse uma tarefa que ultrapassasse as forças humanas, Deus não a teria comandado. *O meu poder se aperfeiçoa na fraqueza* (2Cor 12,9) e os Padres nos oferecem todos os meios para facilitar a via rumo à oração interna.

— Eu jamais li algo preciso a esse respeito, respondeu ele.

— Se o senhor quiser, eu poderei ler alguns trechos da *Filocalia*.

Peguei minha *Filocalia*, procurei uma passagem de Pedro Damasceno, na terceira parte, página 48, e li o que se segue:

"É necessário exercitarmo-nos para invocar o Nome do Senhor, mais do que a respiração, o tempo todo, em todo lugar e em toda ocasião. O Apóstolo diz: 'Orai sem cessar'. Com essas palavras, ele nos ensina que devemos nos lembrar de Deus em todos os momentos, em todos os lugares e em todas as ocasiões. Se fizeres alguma coisa, deves pensar no Criador de tudo aquilo que existe; se vires a luz, lembra-te daquele que a deu; se considerares o céu, a terra, o mar e tudo que eles contêm, admira e glorifica aquele que os criou; se te cobrires de vestimentas, pensa em quem te fez esse dom e agradeça-o, agradeça àquele que vela por tua existência. Em suma, que tudo seja motivo para que celebres o Senhor, assim orarás sem cessar e tua alma estará sempre na alegria."

Reparem como o procedimento é simples, fácil e acessível a todos aqueles que possuem um mínimo de sensibilidade.

Eles ficaram deleitados com o texto. O senhor abraçou-me entusiasmado, agradeceu-me, olhou minha *Filocalia* e disse:

– É preciso que eu compre esse livro; eu o encomendarei em São Petersburgo; mas, para melhor me lembrar, vou copiar agora mesmo essa passagem que você acabou de ler – será que você poderia ditá-la para mim?

Ele a transcreveu rapidamente com uma bela e rápida caligrafia. Depois, exclamou:

– Meu Deus! Mas eu tenho justamente um ícone de São Damasceno (era provavelmente São João Damasceno[XLIII]).

Ele abriu a moldura e fixou sobre o ícone o papel que acabara de escrever, dizendo:

– A palavra viva de um servo de Deus colocada sob sua imagem me estimulará a colocar em prática esse conselho salutar.

Fomos, em seguida, cear. Todos estavam novamente à mesa ao mesmo tempo que nós, homens e mulheres. Que silêncio recolhido e que calma reinavam durante a refeição! Após a ceia, rezamos todos juntos, inclusive as crianças, e fizeram-me ler o hino a Jesus dulcíssimo.

Os servos foram descansar e nós três ficamos a sós no recinto. A senhora trouxe-me, então, uma camisa branca, roupas de baixo e meias. Inclinei-me profundamente diante dela e disse:

– Senhora, não posso aceitar sua oferta, eu jamais portei tais vestimentas, nós sempre usamos faixas[32].

Ela logo voltou com uma velha blusa amarela de fino tecido que ela cortou em tiras. E, afirmando que meu cal-

---

32. *Onoochi*: longas tiras de pano, que os camponeses russos amarravam em torno dos seus pés e pernas ao invés de usar meias.

çado não servia mais, o senhor trouxe um par novo de *bashmaki*[33] que ele calçava sobre suas botas de cano alto.

— Não há ninguém nesse quarto, você poderá trocar de roupa tranquilamente.

Fui me trocar e, quando voltei para perto deles, eles fizeram com que eu me sentasse sobre uma cadeira onde começaram a me calçar; ele envolveu meus pés e pernas nas tiras e ela colocou os sapatos. No início, neguei-me terminantemente, mas eles fizeram com que eu me sentasse e disseram:

— Sente-se e cale-se, o Cristo lavou os pés de seus discípulos.

Não consegui me conter e comecei a chorar, assim como eles.

A senhora foi ver como seus filhos estavam dormindo e, acompanhado do senhor, fui ao jardim para conversarmos um pouco. Ficamos ali bastante tempo, sentados no chão, conversando. De repente, ele aproximou-se de mim e disse:

— Responda-me em consciência e em verdade, quem é você? Você deve pertencer a uma família nobre e finge ser simples. Você escreve e lê perfeitamente, pensa e fala corretamente. Você recebeu, evidentemente, uma boa educação.

— Falei sinceramente e de coração aberto com vocês, tanto com o senhor quanto com a sua senhora. Contei-lhes minhas origens em toda verdade e jamais pensei em mentir ou enganá-los. Por qual motivo? O que eu digo não vem de mim, mas do meu falecido *stárets* ou dos escritos dos Padres que tenho lido. O que mais ilumina a minha ignorância é a oração interior, mas não fui eu quem a adqui-

---

33. Tipo de calçado.

ri, ela brotou em meu coração graças à misericórdia divina e ao ensinamento do *stárets*. Todos podem fazer o mesmo; basta mergulhar mais silenciosamente no seu coração e invocar um pouco mais o Nome de Jesus Cristo; logo descobrimos a luz interior, tudo torna-se claro e nessa claridade revelam-se alguns mistérios do Reino de Deus. E quanta profundidade e luz existe no mistério de um homem que descobre ter esse poder de mergulhar nas profundezas do seu próprio ser, ver a si mesmo a partir do interior, deleitar-se com essa autodescoberta, apiedar-se de si mesmo e chorar docemente por sua queda e sua vontade pervertida. Não é muito difícil pensar de maneira sensata e falar com as pessoas; essa é uma coisa possível para todos, pois o espírito e o coração existiam antes da ciência e da sabedoria humanas. Podemos sempre cultivar o espírito através da ciência ou da experiência; mas lá onde não há inteligência, de nada valerá a educação. O que acontece é que estamos longe de nós mesmos e não nos interessa aproximarmo-nos, estamos sempre fugindo para não nos encontrarmos face a face com nós mesmos, preferimos ninharias à verdade e pensamos: bem que eu gostaria de ter uma vida espiritual, passar mais tempo orando, mas não tenho tempo, os negócios e os problemas impedem-me de realmente dedicar-me a isso. Mas o que é mais importante e necessário? A vida eterna da alma santificada ou a vida passageira do corpo que tanto nos faz sofrer? Isso pode levar as pessoas à sabedoria ou à estupidez.

– Perdoe-me, meu querido irmão, não falei por mera curiosidade, mas por amizade e compaixão cristã e, especialmente, por ter vivido, faz dois anos, um caso curioso.

Um dia chegou em nossa casa um velho mendigo que estava exausto. Ele tinha o passaporte de um soldado exonerado e era tão pobre que caminhava praticamente nu; além de falar pouco, ele falava como um camponês. Nós o recebemos no asilo; ao cabo de cinco dias, ele adoeceu, nós o transportamos ao pavilhão e minha mulher e eu lhe demos total atenção. Quando era óbvio que ele iria morrer, nosso padre o confessou e deu-lhe a comunhão e os últimos sacramentos. Na véspera da sua morte, ele se levantou, pediu-me um pouco de papel e uma pena e insistiu para que a porta permanecesse fechada e que ninguém entrasse enquanto ele escrevia seu testamento, que eu deveria fazer com que chegasse ao seu filho, em São Petersburgo. Fiquei estupefato ao ver que ele escrevia perfeitamente e que suas frases eram primorosas, elegantes e cheias de delicadeza e estilo. Amanhã eu lhe mostrarei esse testamento, pois tenho uma cópia guardada. Tudo isso me deixou bastante surpreso; aguçado pela curiosidade, pedi-lhe que me contasse sua origem e sua existência. Ele fez com que eu jurasse não contar nada a ninguém e, pela glória de Deus, fez o seguinte relato:

"Eu era príncipe e muito rico; levava a vida mais dissipada, brilhante e cheia de luxo que podia existir. Minha mulher tinha morrido e eu vivia com meu filho que era capitão da guarda. Um dia, enquanto me arrumava para ir a um grande baile, me enfureci com o meu criado de quarto. Na minha impaciência, golpeei sua cabeça e ordenei que ele saísse da minha presença e voltasse para sua vila natal. Isso aconteceu à noite e, na manhã seguinte, o criado morreu devido a um traumatismo craniano. No entanto, não dei muita importância ao caso e, lamentando minha violência, esqueci do ocorrido. Passadas seis semanas, o criado de quarto começou a me aparecer em sonhos. Todas as noites ele vinha me importunar e criticar, repetindo sem parar: 'Homem sem consciência, você me assassinou!' Mais tarde, comecei a vê-lo também enquanto estava acordado. A aparição tornou-se cada vez mais frequente e, no final, eu o via quase o tempo todo. Por fim, comecei a ver, junto com ele, outros mortos, homens que eu ofendera grosseiramente, mulheres que eu seduzira. Todos dirigiam-me as mais duras críticas e não me davam descanso, eu não conseguia mais dormir ou comer, nem fazer o que quer que fosse; eu estava no limite das minhas forças e era só pele e ossos. Os esforços dos melhores médicos de nada serviram. Parti ao estrangeiro em busca de cura, mas, após seis meses de tratamento, não apenas não tinha melhorado, como também as terríveis aparições não paravam de aumentar. Levaram-me de volta; estava mais morto do que vivo. Minha alma, antes de estar separada do corpo, conheceu plenamente as torturas do inferno. Desde então, acredito no inferno e sei o que isso quer dizer.

Em meio a esses tormentos, eu compreendi toda a extensão da minha infâmia, arrependi-me, confessei-me, libertei todos meus servos e fiz o voto de passar o resto da minha vida realizando os trabalhos mais duros e de me esconder sob o hábito de um mendigo para ser o mais humilde servidor das pessoas da mais baixa condição. Foi só tomar essa decisão que as aparições pararam. Minha reconciliação com Deus trouxe-me tanta alegria e um tal sentimento de reconforto que me faltam palavras para expressá-lo. Compreendi, por experiência própria, o que é o paraíso e como o Reino de Deus se desdobra no interior de nossos corações. Logo recuperei-me completamente e coloquei em prática o meu projeto. Munido do passaporte de um antigo soldado, eu deixei em segredo o lugar da minha infância. Faz quinze anos que erro por toda a Sibéria. Em certas ocasiões empreguei-me na casa de camponeses para trabalhar de acordo com as minhas forças, em outras ocasiões mendiguei em Nome do Cristo. Ah! Em meio a essas privações, quanta felicidade me foi dada experimentar! Que beatitude, que consciência em paz! Só aqueles que saíram de um inferno de dor, graças à misericórdia divina, e foram transportados ao paraíso de Deus, podem compreender o que estou dizendo." Ditas essas palavras, ele entregou-me o testamento que eu deveria enviar ao seu filho e, no dia seguinte, ele morreu.

– Guardo comigo uma cópia que se encontra dentro da minha Bíblia que está na minha valise. Veja!

Desdobrei o papel e li:

"Em Nome do Pai glorificado na Trindade, Pai, Filho e Espírito Santo.

Meu muito querido filho!

Faz quinze anos que você não vê seu pai. No entanto, apesar de você não ter tido notícias dele, de tempos em tempos ele encontrou uma maneira de receber notícias suas e ele nutre por você um amor paternal. Esse amor o impele a enviar essas últimas palavras para que elas sirvam de lição à sua existência.

Você sabe o quanto eu sofri para reparar minha vida volúvel e inconstante; mas você ignora a felicidade que me aportaram, ao longo da minha vida obscura e errante, os frutos do arrependimento.

Morro em paz, perto do meu benfeitor que é também o seu, pois os benefícios derramados sobre o pai também devem tocar o coração de um filho afetuoso. Expresse-lhe meu reconhecimento por todos os meios que estiverem ao seu alcance.

Deixo minha bênção paterna, exorto-o a lembrar-se de Deus e a obedecer à sua consciência: seja bom, prudente e razoável; trate seus subordinados com bondade e complacência, não despreze os mendigos ou os peregrinos, lembre-se que apenas o desprendimento e a vida errante permitiram que seu pai encontrasse o repouso para a sua alma.

Oro a Deus que Ele lhe conceda a sua graça e fecho os olhos tranquilamente, na esperança da vida eterna pela misericórdia do Redentor dos homens, Jesus Cristo."

Assim falávamos, quando coloquei-lhe a seguinte questão:

— Acredito que o senhor deva ter frequentemente aborrecimentos com o seu asilo. Muitos dos nossos irmãos tornam-se peregrinos por displicência, negligência ou preguiça e algumas vezes eles cometem alguns roubos na estrada; eu próprio já vi isso.

— Não, esse tipo de peregrino é bastante raro. Nós encontramos, na maioria das vezes, apenas verdadeiros peregrinos. Mas quando eles não parecem ser muito sérios, nós somos ainda mais gentis e permitimos que eles fiquem algum tempo conosco. Quando eles entram em contato com nossos pobres, irmãos do Cristo, na maior parte das vezes, eles se emendam e partem com o coração humilde e bom. Há pouco tempo atrás tivemos um caso assim. Um comerciante da nossa cidade conheceu tão grande declínio que as pessoas o expulsavam a golpes de bastão e ninguém queria sequer lhe dar um pedaço de pão. Ele vivia bêbado, era violento, briguento e, para completar, roubava. Um dia, impelido pela fome, ele chegou ao nosso asilo. Pediu pão e um pouco de aguardente, pois ele adorava beber. Nós o recebemos gentilmente e dissemos: "Fique conosco, você poderá beber tanto aguardente quanto quiser, mas sob uma condição: após ter bebido, você irá se deitar e, se fizer o menor escândalo, não apenas nós o expulsaremos daqui para sempre, como também pediremos ao delegado que o prenda por vagabundagem". Ele aceitou nossas condições e permaneceu conosco. Durante uma semana ou mais, ele realmente bebeu tudo que queria; mas, a cada vez, segundo a promessa que nos fizera e também porque tinha medo de ser privado do álcool, ele ia, silenciosamente, deitar-se na sua cama ou nos fundos do jardim. Quando voltava a ficar sóbrio, nossos irmãos do asilo lhe falavam e o encorajavam à moderação. Assim, começou a beber cada vez menos e em três meses ele estava completamente sóbrio. Ele trabalha agora em algum lugar e não come mais o pão de outrem. Ele veio me ver anteontem.

Quanta sabedoria contida nessa disciplina guiada pela caridade!, pensei. Acabei exclamando:

— Abençoado seja Deus, cuja misericórdia está presente no interior da sua morada!

Depois de toda essa conversa, nós adormecemos e, ao escutarmos os sinos baterem para o ofício da manhã, fomos à igreja onde a senhora já se encontrava acompanhada de seus filhos. Escutamos o ofício e depois a divina liturgia. Eu me encontrava no coro com o senhor e seu filhinho e a senhora encontrava-se com sua filha na entrada da iconostase para ver a elevação dos santos dons. Meu Deus, como rezavam com fervor, ajoelhados e derramando lágrimas de alegria! Seus rostos estavam tão iluminados que, ao olhar para eles, eu próprio comecei a chorar!

Terminado o ofício, os senhores, o padre, os servos e todos os mendigos sentaram-se à mesma mesa; eram cerca de quarenta mendigos, inválidos, doentes e crianças. Quanta paz e silêncio reinavam em volta dessa mesa! Reunindo toda minha coragem e audácia, falei suavemente ao senhor:

— Durante as refeições nos monastérios tem-se como hábito ler a vida dos santos; nós poderíamos fazer o mesmo, já que o senhor possui todas as obras completas.

O senhor voltou-se para a mulher e disse:

— Realmente, Maria, devemos instituir esse hábito – seria excelente para todos nós. Eu poderia ler durante a primeira refeição, em seguida, seria você, depois nosso padre e nossos irmãos, um de cada vez e se eles souberem ler.

O padre parou de comer e disse:

— Escute, isso seria um prazer, mas, com todo respeito, gostaria que me deixassem de fora da leitura. Não tenho sequer um instante livre. Mal coloco os pés em casa e tenho todo tipo de problemas e preocupações a resolver. Tenho que fazer isto, tenho que fazer aquilo; as crianças em casa, os animais no campo, passo o dia inteiro ocupando-me dessas tolices e não tenho um minuto para ler ou me instruir. Há muito tempo que esqueci tudo que aprendi no seminário.

Estremeci ao ouvir essas palavras, mas a senhora, que estava sentada ao meu lado, pegou minha mão e disse:

– O padre fala assim por humildade, ele está sempre se rebaixando, mas é um homem excelente, pio e devoto. Ele é viúvo há vinte anos, educa todos seus netos e, para completar, reza a missa frequentemente.

Essas palavras lembraram-me uma frase de Nicetas Stethatos na *Filocalia*:

"Apreciamos a natureza dos objetos segundo a disposição interior de nossa alma", ou seja, cada um faz uma ideia dos outros segundo o que ele próprio é; e, um pouco adiante, ele diz ainda: "Aquilo que chegou à oração e ao amor verdadeiro não faz mais distinção entre os objetos, ele não faz mais distinção entre o justo e o pecador, ele ama da mesma maneira todos os homens e não os condena, assim como *Deus faz que o seu sol se levante sobre maus e bons, e a chuva caia sobre justos e injustos*" (Mt 5,45).

Novamente fez-se silêncio. Um mendigo do asilo que era completamente cego estava sentado diante de mim. O senhor o ajudava a comer, compartilhava seu peixe com ele, servia-o com a colher e dava-lhe de beber. Eu o observei com atenção e percebi que sua língua se movia constantemente na sua boca sempre entreaberta. Eu me perguntei se ele não estaria recitando a oração e o observei mais cuidadosamente. No final da refeição, uma velha senhora passou mal, ela sufocava e gemia. O senhor e a senhora a levaram ao quarto de dormir e a colocaram na cama; a senhora ficou ao seu lado para cuidar dela, o padre foi buscar, caso necessário, os santos dons e o senhor deu ordem para que um cavalo fosse atrelado e alguém fosse a todo galope buscar um médico na cidade. Todos se dispersaram.

Eu sentia em mim uma fome de oração, uma violenta necessidade de deixá-la brotar, pois fazia dois dias que eu não passava momentos de tranquilidade e silêncio. Sentia no meu coração uma espécie de maré crescente, prestes a transbordar e a se espalhar por todos meus membros. Como eu a retivesse, senti uma dor aguda no coração – mas era uma dor benfazeja que simplesmente me impelia à oração e ao silêncio. Compreendi, então, por que os verdadeiros adeptos da oração perpétua fogem do mundo, escondendo-se de todos; compreendi igualmente por que o Bem-aventurado Hesíquio diz que a conversa mais elevada não passa de tagarelice se ela durar tempo demais e também lembrei-me das palavras de Santo Efrém o Sírio[XLIV]: "Um bom discurso vale prata, mas o silêncio é ouro puro". Assim pensando, cheguei ao asilo: todos dormiam após a refeição. Subi ao sótão, acalmei-me, descansei e rezei um pouco. Quando os pobres acordaram, fui ao encontro do cego e o conduzi ao jardim; nós nos sentamos em um recanto isolado e começamos a conversar.

– Diga-me, em Nome de Deus, e pelo bem da minha alma, você recita a oração de Jesus?

– Faz muito tempo que a repito continuamente.

– Que efeitos você sente?

– Simplesmente que não posso passar sem ela, nem de noite, nem de dia.

– Como Deus revelou-lhe essa atividade? Conte-me isso em detalhes, querido irmão.

– Sou um artesão da região, ganhava meu pão como alfaiate. Eu trabalhava em diversas províncias, indo de cidade em cidade, costurando as roupas dos camponeses. Uma vez fiquei longo tempo na casa de um camponês para costurar as roupas de toda a sua família. Em um dia de festa, onde não havia nada para se fazer, descobri três livros sobre uma estante colocada embaixo dos ícones. Perguntei-lhes: "Existe alguém, dentre vocês, que saiba ler?" Eles me responderam: "Ninguém; esses livros pertenciam ao nosso tio; ele sabia ler e escrever".

Tomei um dos livros e o abri ao acaso. Li as seguintes palavras, das quais ainda me lembro: "A oração perpétua consiste em invocar incessantemente o Nome do Senhor: sentado ou em pé, à mesa ou trabalhando, em todos os momentos e ocasiões, em todos os lugares e o tempo todo é preciso invocar o Nome do Senhor".

Refleti sobre o que acabara de ler e achei que isso me conviria; assim, enquanto costurava, pus-me a recitar a oração murmurando, o que me enchia de alegria. As pessoas que moravam comigo na *izba* perceberam e começaram a zombar de mim: "Você é um feiticeiro ou algo do gênero para ficar murmurando dessa maneira o tempo todo?" ou "Você está praticando magia?" Para esconder o que estava fazendo, deixei de mover meus lábios e continuei a recitar a oração apenas com a minha língua. Acostumei-me a isso de uma tal maneira que minha língua a recita noite e dia e isso me faz muito bem.

Continuei a trabalhar dessa maneira ainda durante longo tempo; um dia, subitamente, fiquei completamente cego. Quase todos na minha família sofrem de "água escura"[34] no fundo dos olhos. Por ser muito pobre, minha comunidade conseguiu achar um lugar para mim no asilo de Tobolsk, capital da nossa província. É para lá que estou indo,

---

34. Nome popular para glaucoma.

mas os senhores me detiveram aqui, pois eles querem me dar uma charrete para ir até lá.

— Como se chamava o livro que você leu? Não era a *Filocalia*?

— Para falar a verdade, não sei, pois não prestei atenção ao título.

Fui buscar minha *Filocalia*. Na quarta parte do livro, encontrei as palavras do Patriarca Calisto, que o cego tinha citado de cor. Comecei a ler.

— É isso mesmo, exclamou o cego. Leia, leia, meu irmão, pois essas palavras são realmente belas.

Quando cheguei à passagem onde está escrito: "é preciso orar com o coração", ele me perguntou o que isso significava e como podíamos colocar essas palavras em prática. Eu lhe contei que todo o ensinamento da oração do coração estava exposto em detalhe nesse livro, a *Filocalia*. Ele insistiu para que eu lesse tudo que tratava do assunto.

— Já sei o que vamos fazer, disse. Quando você acha que vai partir para Tobolsk?

— Agora mesmo, se você quiser, respondeu.

— Então, vamos! Eu gostaria de partir amanhã, mas basta partirmos juntos e eu lerei para você tudo que diz respeito à oração do coração e eu lhe ensinarei como desvelar seu coração e nele penetrar.

— E a charrete?

— Ah, deixe a charrete para lá. Daqui a Tobolsk são apenas cento e cinquenta *verstas*, nós caminharemos lentamente. Faz bem caminhar a dois, na solidão, e também estaremos mais à vontade para lermos e falarmos sobre a oração.

Entramos assim em um acordo. Ao cair da noite, o próprio senhor veio nos chamar para a ceia e, após termos comido, nós lhe comunicamos que pensávamos em partir e que não precisávamos de charrete, pois desejávamos ler a *Filocalia*. Sobre esse assunto, o senhor nos disse:

— Gostei muito da *Filocalia*. Já escrevi a carta e separei o dinheiro; amanhã, quando for ao tribunal, enviarei tudo a São Petersburgo para poder receber a *Filocalia* pelo próximo correio.

Assim, na manhã seguinte, nós nos colocamos a caminho após termos efusivamente agradecido os bons senhores pela sua caridade e seus doces exemplos; ambos caminharam uma *versta* conosco e, assim, nos despedimos.

O camponês cego

Eu e o cego caminhávamos lentamente, fazíamos apenas dez a quinze *verstas* por dia; durante o resto do tempo, sentávamo-nos em lugares isolados e líamos a *Filocalia*. Li para ele tudo que estava escrito sobre a oração do coração, seguindo a ordem indicada pelo meu *stárets*, ou seja, começando pelos livros de Nicéforo o Monge, de Gregório o Sinaíta, e assim por diante. Com quanta atenção e ardor ele escutava tudo que eu lia! Como ele ficava feliz e emocionado! Mais tarde, começou a me fazer tantas perguntas sobre a oração que eu não era mais capaz de responder a todas elas.

Após ter escutado a minha leitura, o cego pediu-me que lhe ensinasse uma maneira prática para chegar ao seu coração através do espírito, para nele introduzir o Nome divino de Jesus Cristo e assim orar internamente através do coração. Eu respondi:

— Você não consegue mais enxergar, mas, através do intelecto, pode imaginar o que viu outrora: um homem, um objeto ou um dos seus membros, seu braço ou sua perna. Você consegue visualizar tão nitidamente como se os visse e consegue, mesmo cego, dirigir seu olhar na sua direção?

– Consigo, respondeu o cego.

– Então, visualize seu coração dessa maneira, volte seus olhos para dentro como se o visse através do seu peito e escute como ele pulsa, batida por batida. Quando você tiver conseguido fazer isso, esforce-se para ajustar as palavras da oração a cada batida do seu coração, sem deixar de visualizá-lo. Ou seja, junto com a primeira batida, diga ou pense: *Senhor*; com a segunda: *Jesus*; com a terceira: *Cristo*; com a quarta: *tenha piedade*; com a quinta: *de mim*; repita esse exercício quantas vezes puder. Isso será fácil para você, pois você já se preparou para a oração do coração. Depois que você tiver se acostumado com essa atividade, comece a introduzir em seu coração a oração de Jesus e deixe que ela saia ao mesmo tempo que a respiração, ou seja, ao inspirar, diga ou pense: *Senhor Jesus Cristo*, e, ao expirar: *Tenha piedade de mim!* Se você agir dessa maneira com frequência e por bastante tempo, logo sentirá uma leve dor no coração; depois, pouco a pouco, você sentirá nascer um calor reconfortante. Com a ajuda de Deus, você chegará, dessa maneira, à ação constante da oração no interior do seu coração. Mas, sobretudo, evite todas as imagens que lhe vierem ao espírito enquanto estiver orando. Afaste toda imaginação para não cair na ilusão. Os Padres nos ordenam agir dessa maneira para mantermos o espírito vazio de todo tipo de visões durante a oração.

O cego, que me escutara atentamente, aplicou-se com zelo à prática que eu lhe ensinara e, sobretudo à noite, passava longas horas exercitando-a. Passados cinco dias, ele sentiu um forte calor no coração e uma felicidade indescritível; além disso, tinha grande vontade de se entregar ininterruptamente à oração que lhe revelava o amor que ele sentia por Jesus Cristo. Às vezes ele via uma luz, mas sem que nenhum objeto aparecesse nessa luz. Quando ele entrava no seu coração, tinha a impressão de ver arder a chama brilhante de um grande círio que, resplandecendo de dentro para fora, iluminava-o por completo. A luz dessa chama permitia que ele visse mesmo objetos afastados, que foi o que aconteceu uma vez.

Estávamos atravessando uma floresta; ele estava mergulhado em silêncio na oração. De repente, me disse:

— Que tristeza! A igreja está em chamas e o campanário acaba de desabar.

— Pare de invocar imagens vãs, eu disse; isso é uma tentação. Você deve afastar de si todas essas fantasias. Como você pode ver o que está acontecendo na cidade? Ela encontra-se a doze *verstas* daqui.

Ele me obedeceu e, voltando a rezar, calou-se. Já era quase noite quando chegamos à cidade e pude, efetivamente, ver várias casas incendiadas e um campanário que tinha desabado — ele estava caído sobre os escombros de madeira. Em volta do campanário, várias pessoas conversavam, admirando o fato de que, ao cair, o campanário não tinha esmagado ninguém. Pelo que pude entender, a desgraça ocorrera no momento em que o cego contava-me sua visão na floresta. No mesmo instante, eu o ouvi dizer:

— Segundo você, minha visão era vã e, no entanto, foi exatamente o que aconteceu. Como posso deixar de amar e agradecer o Senhor Jesus Cristo que revela sua graça aos pecadores, aos cegos e aos insensatos! Obrigado também a você, que me ensinou a atividade do coração!

Respondi:

— Ame Jesus Cristo e agradeça-o o quanto você quiser. Mas cuidado para não tomar suas visões por revelações diretas da graça, pois frequentemente isso pode se produzir naturalmente segundo a ordem das coisas. A alma humana não está presa ao lugar ou à matéria. Ela pode ver no escuro tanto os objetos distantes quanto os próximos; no entanto, nós não damos o devido valor às faculdades da alma. Nós a esmagamos sob o jugo dos nossos corpos densos ou a misturamos à confusão de nossos pensamentos superficiais e fortuitos. Quando nos concentramos em nós mesmos e nos abstraímos de tudo aquilo que nos rodeia e aguçamos nossos espíritos, a alma pode, então, voltar inteiramente para si mesma, ela age com todo seu poder e essa ação é natural. Meu falecido *stárets* me disse que mesmo aqueles que não se entregam à oração, por exemplo os inválidos ou as pessoas especialmente dotadas, quando eles se encontram em um quarto escuro, veem a luz que emana de cada objeto, sentem a presença do seu duplo e penetram nos pensamentos do outro. Mas os efeitos diretos da oração do coração são tão maravilhosos que nenhuma língua pode descrevê-los: é impossível compará-los a algo que pertença ao mundo da matéria; o mundo sensível é vil se comparado às sensações que a graça desperta no coração.

Meu cego escutou minhas palavras atentamente e tornou-se ainda mais humilde; a oração desenvolvia-se continuamente no seu coração e o alegrava de maneira indescritível. Minha alma estava feliz e eu agradecia ao Senhor que me fizera conhecer tanta piedade e devoção em um de seus servos.

Chegamos, enfim, a Tobolsk; eu o conduzi ao asilo e, após ter me despedido dele de maneira afetuosa, retomei meu caminho solitário.

Durante um mês, eu avancei a passo lento, sentindo que os exemplos vivos são úteis e benéficos. Eu lia frequentemente a *Filocalia* e podia verificar tudo que tinha contado ao cego. Seu exemplo inflamava meu zelo, minha devoção e meu amor ao Senhor. A oração do coração me fazia tão feliz que eu não conseguia imaginar poder existir uma felicidade maior. Eu me perguntava como as delícias do reino dos céus poderiam ser maiores do que essa alegria. Essa felicidade não iluminava apenas o interior da minha alma, o mundo exterior também me aparecia sob um aspecto maravilhoso, tudo me convidava a louvar e a amar Deus; os homens, as árvores, as plantas, os animais, tudo me era familiar e, para onde quer que eu dirigisse o meu olhar, eu encontrava a imagem do Nome de Jesus Cristo. Às vezes eu me sentia tão leve que tinha a sensação de não ter mais um corpo; eu tinha a impressão de estar flutuando suavemente no ar e, às vezes, entrava completamente dentro de mim mesmo. Eu via o meu interior nitidamente e admirava o edifício admirável do corpo humano. Em certas ocasiões, eu sentia uma alegria tão grande que era como se eu tivesse me tornado um czar, e em meio a todas essas consolações eu desejava que Deus me permitisse morrer o mais breve possível para que eu pudesse depositar minha gratidão aos seus pés, no mundo dos espíritos.

No entanto, creio que experimentei um prazer grande demais em viver essas sensações ou talvez Deus tenha decidido dessa maneira, pois, passado algum tempo, senti no meu coração uma espécie de receio e tremor. Isso não seria, eu dizia para mim mesmo, uma nova desgraça ou atribulação como aquela que eu tivera de suportar devido à jovem a quem eu ensinara a oração de Jesus na capela? Os pensamentos toldavam meu espírito como nuvens e eu recordava as palavras do Bem-aventurado João de Khárpatos, que diz que o mestre é muitas vezes entregue à desonra e suporta tentações e tribulações por aqueles que ele ajudou espiritualmente. Após ter lutado contra esses pensamentos, eu mergulhei na oração que fez com que eles desaparecessem por completo! Senti-me fortalecido e disse para mim mesmo: "Que seja feita a vontade de Deus! Estou pronto para suportar tudo que Jesus Cristo quiser me enviar para expiar meu endurecimento e meu orgulho. Além disso, aqueles a quem recentemente revelei o mistério da oração interior tinham sido preparados pelos misteriosos desígnios de Deus antes de terem me encontrado. Esse pensamento me acalmou e eu caminhei na oração e na alegria, mais feliz do que antes.

Choveu durante dois dias; a estrada estava tão lamacenta que eu mal conseguia sair dos charcos. Passei a caminhar pelas estepes e, ao longo de quinze *verstas*, não encontrei sequer um lugar que fosse habitado. Enfim, já perto do anoitecer, avistei uma hospedaria no final da estrada e alegrei-me pensando que poderia, ao menos, repousar e passar a noite. E, amanhã de manhã, se Deus quiser, o tempo estará melhor.

A agência dos correios

Ao aproximar-me, avistei um ancião vestido com um manto de soldado; ele estava sentado sobre a rampa diante da hospedaria e parecia estar embriagado. Eu o cumprimentei e disse:

— Será que eu poderia pedir a alguém a autorização para passar a noite aqui?

— Quem, além de mim, poderia deixar você entrar?, gritou o velho. Eu sou o chefe aqui! Isso aqui é o posto dos correios e sou eu quem mando.

— Então, paizinho, será que o senhor permitiria que eu passasse a noite aqui?

— Você tem um passaporte? Mostre seus documentos!

Entreguei-lhe meu passaporte e, segurando-o entre suas mãos, ele começou a gritar:

— Onde está o seu passaporte?

— Você está com ele, respondi.

— Pois bem, vamos entrar na casa.

O chefe dos correios colocou seus óculos, olhou meu passaporte e disse:

— Parece que está tudo em ordem, você pode ficar aqui. Como você pode ver, eu sou um homem bom; vou trazer um copo para você.

— Eu jamais bebo, respondi.

— Oh, não faz mal! Pelo menos, ceie conosco.

Ele sentou-se à mesa junto com a cozinheira, uma mulher jovem que também tinha bebido e eu me instalei ao lado deles. Durante toda a refeição, eles não pararam de brigar e de criticar um ao outro e, ao final da refeição, eclodiu uma verdadeira querela. O chefe foi dormir na despensa e a cozinheira ficou na cozinha lavando os vasilhames e as colheres, vociferando contra seu velho.

Eu estava sentado e, vendo que ela ia demorar a se acalmar, disse:

— Onde é que eu posso dormir, mãezinha? Estou muito cansado por causa da estrada.

— Espere, eu vou arrumar uma cama para você, paizinho.

Ela instalou um banco perto daquele que estava fixado sob a janela da frente, onde estendeu um cobertor de feltro e um travesseiro. Eu me deitei e fechei os olhos, fingindo dormir. A cozinheira ficou atarefada e alvoroçada durante bastante tempo, até terminar de arrumar as coisas. Depois, ela apagou a luz e aproximou-se de mim. Subitamente, toda a janela que estava no canto da fachada despedaçou-se em um estrondo assustador; a moldura, os vidros, os batentes da janela, tudo voou em pedaços. Ao mesmo tempo, escutamos do lado de fora gemidos e um barulho de luta. A mulher, aterrorizada, deu um salto para trás, no meio da sala, e acabou caindo no chão. Levantei de um pulo do meu banco, acreditando que a terra se abria sob os meus pés. De repente, vi dois cocheiros carregarem um homem todo coberto de sangue para dentro da *izba*, sequer era possível ver o seu rosto. Isso aumentou ainda mais a minha angústia. Era um mensageiro do Estado que deveria trocar de cavalos naquele posto. O cocheiro, ao calcular mal a distância, não tinha feito direito a curva para entrar, fazendo com que o timão da carruagem atravessasse a janela; mas, como havia um fosso na frente da *izba*, a carruagem tinha tombado e o mensageiro tinha cortado a cabeça em uma estaca pontiaguda que se encontrava em cima da rampa. O mensageiro pediu água e álcool para lavar seu ferimento. Ele umedeceu um lenço com aguardente, bebeu um copo e gritou:

– Atrelem os cavalos!

Aproximei-me e disse:

– Como o senhor vai conseguir continuar viagem com esse ferimento?

– Um mensageiro do czar não tem tempo para ficar doente, respondeu ele e desapareceu.

Os cocheiros carregaram a mulher, que estava em estado de choque, e a colocaram em um canto perto do aquecedor. Eles a cobriram com uma toalha, dizendo: "Ela está assim por causa do medo". Já o chefe do posto dos correios tomou um trago e voltou a dormir. Fiquei sozinho.

A mulher logo se levantou e começou a andar de um lado para o outro, como uma sonâmbula, e acabou saindo. Fiz uma prece e, sentindo-me debilitado, adormeci pouco antes do nascer do sol.

Pela manhã, disse adeus ao chefe dos correios e, caminhando sobre a estrada, entoei minha oração com fé, esperança e gratidão pelo Pai da misericórdia e de toda consolação, que tinha afastado de mim uma desgraça iminente.

Seis anos após o ocorrido, ao passar perto de um convento para mulheres, entrei na igreja para orar. A abadessa recebeu-me muito amavelmente após o ofício e serviu-me chá. De súbito, anunciaram alguns hóspedes que estavam de passagem; ela foi ao encontro deles e deixou-me com as freiras que a serviam. Ao ver uma delas derramar humildemente o chá em uma xícara, tive a curiosidade de perguntar:

— Faz muito tempo, mãezinha, que a senhora está nesse convento?

— Cinco anos, respondeu ela. Quando me trouxeram aqui, estava fora de mim, mas Deus teve piedade de mim. A madre abadessa levou-me para a sua cela e me fez pronunciar os votos.

— E como foi que a senhora perdeu a razão?

— Devido a um susto. Eu trabalhava em um posto dos correios. Uma noite, enquanto dormia, alguns cavalos desgovernados derrubaram uma janela e, de puro terror, acabei enlouquecendo. Durante um ano inteiro, meus pais me levaram a todos os lugares santos. Foi apenas aqui que encontrei a cura.

Ao escutar essas palavras, minha alma alegrou-se e disse glória a Deus, cuja sabedoria faz com que tudo que aconteça seja para o nosso proveito.

Um padre do campo

Vivi muitas outras aventuras, disse, dirigindo-me ao meu pai espiritual. Três dias não seriam suficientes para contar tudo. Se o senhor quiser, posso contar mais uma.

Em um dia claro de verão, avistei a alguma distância da estrada um cemitério, ou melhor, uma comunidade paroquial, ou seja, uma igreja cercada pelas casas dos servidores do culto e um cemitério. Os sinos dobravam chamando para o ofício; apressei o passo para chegar a tempo na igreja. As pessoas que moravam nas redondezas também se dirigiam para lá; mas muitos sentavam-se na grama antes de entrar na igreja. Vendo que eu me apressava, eles disseram:

– Não precisa correr, você tem tempo. O serviço é muito lento aqui, o padre está doente e, além disso, é um moleirão.

De fato, a liturgia foi bastante demorada. O padre era jovem, mas pálido e descarnado; ele celebrava muito lentamente, com devoção e sentimento. No final da missa, ele pronunciou um excelente sermão sobre os meios para obter o amor de Deus.

O padre convidou-me para almoçar com ele. Durante a refeição, eu disse:

– Meu padre, o senhor reza a missa de maneira muito piedosa, mas também bastante lenta!

– Sim, respondeu ele, e isso não agrada aos meus paroquianos. Eles resmungam, mas não há nada a fazer, pois eu adoro meditar e pesar cada palavra antes de entoá-la. Quando as palavras são privadas desse sentimento interior, elas deixam de ter valor. Tudo encontra-se na vida interior e na oração atenta! Ah! Como as pessoas se ocupam pouco da atividade interior!, acrescentou. É porque não existe interesse pela iluminação espiritual interna.

Perguntei novamente:

– Mas como chegar a esse estado? É uma coisa bastante difícil!

– Absolutamente. Para receber a iluminação espiritual e tornar-se um homem interior é preciso tomar um texto qualquer da Santa Escritura e concentrar-se nele com toda a sua atenção, durante o maior tempo possível. É dessa maneira que descobrimos a luz da inteligência. Para orar, é preciso agir da mesma maneira: se você quer que a sua prece seja pura, justa e benévola, é preciso escolher uma oração curta, composta por algumas poucas, mas fortes, palavras e repeti-la frequentemente durante bastante tempo; é assim que aprendemos a tomar gosto pela oração.

Esse ensinamento do padre agradou-me bastante, pois ele era prático e simples e, ao mesmo tempo, profundo e sábio. Agradeci a Deus em espírito por ter me feito conhecer um verdadeiro pastor da sua Igreja.

No final da refeição, o padre me disse:

– Vá descansar um pouco, preciso ler a Palavra de Deus e preparar meu sermão de amanhã.

Fui até a cozinha. A única pessoa que encontrei foi uma cozinheira muito idosa que estava sentada toda curvada em um canto, tossindo. Sentei-me sob a abertura do telhado, onde batia luz. Tirei minha *Filocalia* do bolso e comecei a ler para mim mesmo, em voz baixa; após um certo tempo, percebi que a velha sentada no canto recitava sem parar a oração de Jesus. Fiquei feliz por escutar alguém invocar com tanto fervor o Santo Nome do Senhor e lhe disse:

– Como é bom, mãezinha, vê-la recitar a oração dessa maneira! A oração é a melhor e mais cristã de todas as obras!

– Sim, respondeu ela, essa é a alegria do final dos meus dias, que o Senhor me perdoe!

– Há muito tempo que você ora dessa maneira?

– Desde a minha juventude, meu bom pai; e sem ela eu não poderia viver, pois a oração de Jesus salvou-me da desgraça e da morte.

– Como assim? Conte, eu lhe suplico, pela glória de Deus e em honra da bendita oração de Jesus.

Guardei a *Filocalia* na minha mochila, sentei-me perto dela e ela começou a narrar sua história:

– Eu era bela e jovem e meus pais me prometeram em matrimônio. Na véspera do casamento, o noivo estava a caminho da nossa casa quando bruscamente caiu morto. Fiquei tão assustada que decidi renunciar ao casamento e resolvi partir rumo aos lugares santos orando a Deus. No entanto, eu tinha medo de partir sozinha pelos caminhos afora, pois, devido à minha juventude, as pessoas más poderiam me atacar. Uma mulher idosa, que há muito tempo levava uma vida errante, ensinou-me que era preciso recitar sem parar a oração de Jesus. Ela assegurou-me veementemente que essa oração me resguardaria de todo perigo que pudesse vir a encontrar no caminho. Acreditei no que ela disse e nunca me aconteceu nada, mesmo nas regiões mais afastadas; meus pais deram-me dinheiro para viajar. À medida que a idade foi chegando, caí doente e felizmente o padre desse lugar me alimenta e me sustenta por bondade.

Escutei com alegria esse relato sem saber como agradecer a Deus por esse dia que me revelara exemplos tão edificantes. Um pouco mais tarde, pedi que esse bom e santo padre me abençoasse e retomei meu caminho, cheio de alegria.

No caminho de Kazan

E, há não muito tempo atrás, quando estava atravessando a Província de Kazan a caminho daqui, conheci novamente os efeitos da oração de Jesus. Mesmo para aqueles que a praticam inconscientemente, ela é realmente o meio mais seguro e mais rápido para alcançar os bens espirituais.

Uma noite, tive que parar em uma cidade tártara. Ao entrar na rua principal da cidade avistei diante de mim uma casa, uma carruagem e um cocheiro russos; os cavalos estavam desatrelados e ruminavam perto da carruagem. Feliz, decidi pedir pernoite nessa casa onde, ao menos, eu encontraria cristãos.

Aproximei-me e perguntei ao cocheiro quem ele transportava. Ele respondeu que o seu senhor estava fazendo o caminho entre Kazan e a Crimeia. Enquanto conversávamos, o passageiro abriu a cortina de couro da portinhola, pousou o olhar sobre mim e disse:

– Vou passar a noite aqui, mas não vou entrar na casa dos tártaros porque ela está muito suja. Decidi dormir na carruagem.

Um pouco mais tarde, o senhor saiu para dar uma volta – a noite estava agradável – e nós começamos a conversar.

Trocamos várias questões e ele me contou mais ou menos o que se segue:

– Até a idade de sessenta e cinco anos, eu servi na Marinha como capitão de um navio. Ao envelhecer, contraí uma gota e tive que pedir minha aposentadoria na Crimeia, onde fui morar na propriedade da minha mulher. Esta era impetuosa e adorava as festas e o jogo de cartas. Eu estava sempre enfermo, ela acabou cansando-se de viver com um doente e foi embora para Kazan, para a casa da nossa filha, que é casada com um funcionário. Ela levou tudo consigo, até mesmo os servos domésticos, e deixou, como único servo, um menino de oito anos, meu afilhado.

Assim, fiquei completamente só durante três anos. Meu afilhado era muito esperto, ele arrumava o quarto, acendia o fogo, cozinhava e esquentava o meu samovar. Mas, ao mesmo tempo, ele era muito travesso e cheio de vontades, um verdadeiro moleque. Ele corria, gritava, jogava, tropeçava em todos os cantos e atrapalhava-me um bocado. Devido à minha enfermidade e ao tédio, eu gostava muito de ler os autores espirituais. Eu tinha um livro excelente de Gregório Palamas sobre a oração de Jesus. Eu o lia quase sem parar, e recitava um pouco a oração. A algazarra que o pequeno fazia era bastante desagradável e nenhuma medida, nenhum castigo conseguiam impedi-lo de fazer essas besteiras. Acabei inventando uma maneira: eu o forcei a sentar-se no quarto sobre uma banqueta e fiz com que ele repetisse sem parar a oração de Jesus. No início, isso o incomodava ao mais alto grau e, para escapar da tarefa, ele se calava.

Mas, para obrigá-lo a executar minha ordem, coloquei um látego ao meu lado. Quando ele dizia a oração, eu lia tranquilamente ou escutava o que ele dizia; mas, quando ele parava, eu mostrava-lhe o látego e, tomado de medo, ele voltava a orar. Isso me fez muito bem, pois a calma começou, enfim, a reinar na minha casa. Após algum tempo, eu me dei conta de que o látego não era mais necessário, ele passara a executar minhas ordens com maior prazer e zelo. Mais tarde, seu caráter mudou completamente; ele tornou-se doce e silencioso e cumpria muito melhor as tarefas domésticas. Alegrei-me com o resultado e dei-lhe mais liberdade. E qual foi o resultado? Ele se habituara tanto à oração que a repetia sem parar sem que eu tivesse que obrigá-lo. Quando falei a respeito, ele me respondeu dizendo que tinha uma vontade insuperável de recitar a oração.

— E o que você sente?

— Nada de especial, mas eu me sinto bem quando estou repetindo a prece.

— Como, bem? Você se sente feliz?

— Sim, eu me sinto feliz.

Ele tinha doze anos quando arrebentou a guerra na Crimeia. Parti para Kazan e o levei comigo para a casa da minha filha. Lá, nós o instalamos na cozinha com os outros empregados domésticos, mas ele sentia-se muito infeliz, pois os outros passavam o tempo todo se divertindo e jogando entre si e também zombando dele, não deixando que ele se dedicasse à oração. Ao final de três meses, ele veio ao meu encontro e disse:

— Vou para casa; não aguento mais a vida aqui com todo esse barulho.

Respondi:

— Como você quer ir para tão longe e em pleno inverno? Espere que eu parta e o levarei comigo.

"No dia seguinte, meu menino tinha desaparecido. Nós mandamos procurá-lo em todos os lugares, mas não foi possível encontrá-lo. Enfim, um belo dia, recebi uma carta da Crimeia. Os guardas da casa na Crimeia me anunciaram que, no dia 4 de abril[35], um dia após a Páscoa, acharam um rapaz morto dentro da casa deserta. Ele estava estendido no chão do meu quarto com as mãos cruzadas sobre o peito, levava seu gorro na cabeça e estava vestido com o mesmo casaquinho que sempre usava e que estava com ele quando fugiu.

Ele foi enterrado dessa maneira no meu jardim. Ao receber a notícia, fiquei estupefato da rapidez com que ele chegara à Crimeia. Ele tinha partido no dia 26 de fevereiro e o acharam no dia 4 de abril. Três mil *verstas* em um mês, mal é possível fazer isso a cavalo. São cem *verstas* por dia. E, ainda por cima, usando roupas leves, sem passaporte e sem um tostão. Podemos supor que ele tenha encontrado uma carruagem para percorrer o caminho, mas, mesmo assim, ele não poderia ter realizado isso sem a intervenção divina. Assim, meu pequeno servo saboreou o fruto da oração e eu, no final da minha vida, ainda não atingi um nível tão alto quanto ele", disse o senhor terminando seu relato.

Quanto a isso, falei ao senhor:

— Eu conheço esse livro excelente de São Gregório Palamas, que o senhor leu. No entanto, ele estuda apenas a

---

[35]. No calendário juliano, o único ano entre 1850 e 1870 onde a Páscoa caiu no dia 3 de abril, foi no ano de 1860.

oração oral; o senhor deveria ler este livro aqui, que se chama a *Filocalia*. Nele, o senhor encontrará o ensinamento completo da oração de Jesus no espírito e no coração.

Enquanto falava, eu mostrava-lhe a *Filocalia*. Ele recebeu meu conselho visivelmente com prazer e declarou que iria procurar o livro.

— Meu Deus, disse para mim mesmo, quantos maravilhosos efeitos do poder divino são revelados através dessa oração! Como esse relato é edificante e profundo; o látego ensinou a oração ao rapazinho, e ela trouxe-lhe a felicidade! As infelicidades e as tristezas que encontramos na via da oração também não se assemelham ao látego de Deus? Então por que temos medo quando a mão do nosso Pai celeste nos mostra esse látego? Ele está repleto de um amor infinito por nós todos e seus flagelos nos ensinam a orar mais ativamente, eles nos conduzem a alegrias indescritíveis.

Tendo concluído meus relatos, disse ao meu pai espiritual:

— Perdoe-me, em Nome de Deus, falei bastante e os Padres afirmam que uma conversa, mesmo espiritual, não passa de vaidade se ela for longa demais. É hora de ir encontrar-me com aquele que deve me acompanhar a Jerusalém. Ore por mim, pobre pecador, que o Senhor na sua misericórdia abençoe a minha viagem.

— Eu desejo isso do fundo da minha alma, irmão amado no Senhor, ele respondeu. Que a graça abundante de Deus ilumine os seus passos e o acompanhe no seu caminho, assim como o Arcanjo Rafael com Tobias!

Cronologia

Datas	História ortodoxa	História geral
48-49	Concílio apostólico de Jerusalém (Atos XV)	
45-58	Missões de Paulo	
64-67	Martírio de Pedro e de Paulo em Roma	
70		Destruição de Jerusalém por Tito
cerca de 100	Morte de João Evangelista	
135		Jerusalém é destruída e passa a ser chamada de Aelia Capitolina
cerca de 270	Santo Antônio se retira ao deserto	
303		Perseguição de Diocleciano
306		Constantino imperador
313	Paz da Igreja (Edito de Milão), Constante concede a liberdade de culto aos cristãos	
315	Amoun no deserto da Nitira	

Datas	História ortodoxa	História geral
324		Fundação de Constantinopla – Nova Roma
325	• 1º Concílio ecumênico de Niceia II • Condenação de Ario	
328	Santo Atanásio, bispo de Alexandria	
330	São Macário do Egito no deserto de Scete	
351	Constante reunifica o império	
355	São Basílio. A vida monástica	
356	Morte de Santo Antônio	
cerca de 360	Vida de Santo Antônio por Santo Atanásio	
361-363		Juliano o Apóstata imperador
362		Juliano restaura o paganismo
363		Morte de Juliano
364		Joviano autoriza novamente o cristianismo

370	São Basílio, bispo de Cesareia	
370-399	Evágrio Pôntico e São Cassiano no Egito	
376		O Imperador Valens permite que os visigodos se estabeleçam no império
379	Morte de São Basílio	
379-395		Teodósio imperador
381	Concílio ecumênico de Constantinopla II	
391-392	Legislação antipagã	
394	O cristianismo torna-se a única religião autorizada	
395		Morte de Teodósio; separação definitiva do Império entre Ocidente e Oriente
400	Morte de Macário o Grande e de Evágrio Pôntico	
410	Santo Honorato funda o monastério da Ilha de Lérins	Tomada de Roma pelos visigodos de Alarico
420	São Cassiano em Marselha	
cerca de 430-435	Morte de João Cassiano	Morte de Santo Agostinho

Datas	História ortodoxa	História geral
431	Concílio ecumênico de Éfeso. Condenação de Nestório, patriarca de Constantinopla	
441		Invasão dos hunos
449	Reunião em Éfeso de um concílio antinestoriano; o Papa Leão o Grande recusa o concílio	
cerca de 450	São Diádoco, bispo de Foticeia	Surgimento de Marciano, desfavorável ao monofisismo
451	Concílio ecumênico da Calcedônia IV. Afirmação do diofisismo. Dissidência dos "monofisitas" (coptas, etíopes, armênios, sírios)	
459	Morte de Simeão Estilita	
476		Fim do Império Romano do Ocidente
484	• Zenão proclama a união da Igreja através de um decreto • Ruptura com Roma (cisma de Acácio)	

488	Morte de Santo Isaías o Anacoreta	
496	Batizado de Clóvis	
Cerca de 500	Os monges de Gaza: São Barsanulfo, São João o Profeta, São Dorothea	
519	Justino I se reconcilia com Roma, fim do cisma de Acácio	
527-565		Reino de Justiniano
529		Fechamento da Academia de Atenas
532	Início da reconstrução da Igreja de Santa Sofia	
537	Consagração de Santa Sofia	
542	Morte de São Sabas	A peste chega a Constantinopla
547	Morte de São Bento	
548		Morte de Teodora, esposa de Justiniano
553-554	Concílio ecumênico de Constantinopla V, dito dos "Três Capítulos"	
554		A Itália e a África são reconquistadas por Justiniano; Justino II torna-se imperador

Datas	História ortodoxa	História geral
570		Nascimento de Maomé em Meca
cerca de 575-cerca de 650	São João Clímaco	
580	Nascimento de São Máximo Confessor	
cerca de 587	O *Filioque* é acrescentado ao *Credo* na Espanha	
590-604	São Gregório o Grande, papa	
613		Tomada de Antioquia pelos persas
614		Tomada de Jerusalém pelos persas; o rei da Pérsia leva a cruz para a capital
619		Tomada de Alexandria pelos persas
630		Heráclio reinstala a cruz em Jerusalém
632		Morte de Maomé
636		Derrota do exército bizantino face aos árabes

638	Heráclio promulga a *Ekhthèsis*, tentativa de compromisso entre a ortodoxia calcedônia e o monofisismo	• O Califa Omar conquista a Jerusalém bizantina • Os árabes tomam Jerusalém
642		Os árabes tomam Alexandria
648	Typos de Constante II que proíbe de falar de duas vontades	
650	Morte de São João Clímaco	
662	Morte de Máximo Confessor	
674-678		Cerco de Constantinopla pelos árabes
675-679	São João Damasceno	
680-681	• Concílio ecumênico de Constantinopla VI • Condenação do monotelismo	
691		O Califa Abd-El-Malek inaugura em Jerusalém a Mesquita do Domo
691-692	Concílio em Trullo, que determina os costumes da Igreja	

Datas	História ortodoxa	História geral
cerca de 700	Santo Isaac o Sírio	
717-718		Os árabes atacam Constantinopla
726	Início do iconoclasmo	
732		Carlos Martel vence os árabes em Poitiers
732-733	Leão III coloca o conjunto dos Bálcãs sob a autoridade religiosa do patriarca de Constantinopla, rompimento com o papado que recusa o iconoclasmo	
751		• Pepino o Breve, rei dos francos • Queda de Ravena nas mãos dos lombardos: Bizâncio passa a reinar apenas na Itália Meridional e na Sicília
754	Concílio iconoclasta de Hiereia, o iconoclasmo torna-se a doutrina oficial do império	
759-826	São Teodoro Estudita	
726		Fundação de Bagdá

765	Início da perseguição contra os monges	
766	Sessão de escárnio contra os monges e monjas no Hipódromo de Constantinopla	
787	Concílio ecumênico de Niceia VII	
787	O culto das imagens é restabelecido	
792		Carlos Magno acusa os gregos de heresia (Livros Carolíngios)
800		Carlos Magno coroado imperador em Roma
815	Leão V restabelece o iconoclasmo	
843	Triunfo definitivo da ortodoxia sobre o iconoclasmo	
847	Inácio patriarca	
858	Demissão forçada do Patriarca Inácio, substituído por Fócio	
860	O Papa Nicolau I recusa reconhecer a ascensão de Fócio ao patriarcado	

Datas	História ortodoxa	História geral
863	Batizado dos búlgaros	
864	Conversão do czar búlgaro Boris ao cristianismo	
867	• Nicolas I deposto por Fócio • Basílio da Macedônia expulsa Photius e chama novamente Inácio	Basílio da Macedônia assassina Miguel III e o substitui como imperador
877	Fócio torna-se novamente patriarca com a morte de Inácio	
879-880	• Reconciliação de Fócio e do papado • Concílio de Constantinopla	
880	Construção da igreja dita a Néa (Nova Igreja) no palácio imperial	
883	Primeiro documento imperial em favor dos monges do Monte Athos	
885	Chegada na Bulgária do clero bizantino expulso da Morávia	Queda de Taormina, último lugar bizantino na Sicília

902		Fundação de Cluny em Borgonha
909		Otto I funda o Santo Império
949	Nascimento de São Simeão o Novo Teólogo	
962-963	Santo Atanásio o Atônita funda a Grande Lavra no Monte Athos	
963	O Imperador Otto I entra em conflito com o papa e este deve prestar juramento de fidelidade ao imperador antes da sua consagração	
979	Fundação do monastério atônita de Iviron pelos iberos da Laure de Atanásio	
987		Hugo Capeto, rei da França
988	• Batizado dos russos • Batizado de São Vladimir	
1000-1090	Nicetas Stéthanos	
cerca de 1000	A Hungria e a Escandinávia são convertidas ao cristianismo	

Datas	História ortodoxa	História geral
1014	O *Filioque* é acrescentado ao *Credo* de Roma	
1022	Morte de São Simeão o Novo Teólogo	
1046	Consagração de Santa Sofia de Kiev	
1054	• Excomunhão de Miguel Cerulário pelos legados de Leão IX • Cisma entre Roma e Constantinopla	
1073-1085		Gregório VII, papa
1084		Antioquia cai nas mãos dos turcos
1088	Christodoulos funda o monastério São João Teólogo na Ilha de Patmos	
1090-1153		São Bernardo de Claraval
1095		Os turcos ocupam Jerusalém e massacram seus habitantes
1095-1099		1ª Cruzada
1097		Tomada de Niceia pelos cruzados, que a restituem a Aléxis I
1098		Fundação de Citeaux

1099		Tomada de Jerusalém pelos cruzados
1136	Inauguração do monastério-hospital do Cristo Pantocrator (Monte Athos)	
1146-1147		2ª Cruzada
1187		Saladino reconquista Jerusalém
1189-1192		3ª Cruzada
1198-1216		Inocêncio III, papa
1204		Tomada de Constantinopla pelos cruzados (4ª cruzada)
1207-1208		Fundação da ordem dos franciscanos
1209		Fundação da Universidade de Cambridge
1217		Fundação da ordem dos dominicanos
1217-1221		5ª Cruzada
1226		Morte de São Francisco de Assis
1228-1229		6ª Cruzada • Jerusalém, Nazaré e Belém são reconquistadas
1238	Conquista da Rússia pelos mongóis	

Datas	História ortodoxa	História geral
1240	Os mongóis em Kiev	
1248-1254		São Luís, rei da França São Luís conduz a 7ª Cruzada no Egito
após 1250	Nicéforo o Solitário	
1250-1320	Teolepto de Filadélfia	
1255-1346	São Gregório o Sinaíta	
1261		Retomada de Constantinopla por Miguel VIII Paleólogo
Cerca de 1265		Viagem de Marco Pólo ao Extremo Oriente
1270		Morte de São Luís em Túnis durante a 8ª Cruzada
1274		• Concílio unionista de Lyon, Miguel VIII trai a Igreja Ortodoxa • Morte de Santo Tomás de Aquino
Cerca de 1280	Morte de Nicéforo o Hesicasta	Morte de São Boaventura
1296	Nascimento de Gregório Palamas	

1305		Clemente V torna-se papa; o papado instala-se em Avignon
1307-1312		Destruição dos templários
1308		Morte de Duns Scottus
cerca de 1316	Gregório Palamas no Monte Athos	
cerca de 1325-1395	Calisto Angélicoudes	
1326	Morte de Teolepto da Filadélfia	
1327		Morte de Mestre Eckhart
1337		Início da Guerra dos Cem Anos entre a França e a Inglaterra
1341	1º Concílio palamita	
1347	2º Concílio palamita	Morte de Guilherme d'Occam
1348-1350		A Grande Peste
1351	3º Concílio palamita que oficializa a doutrina hesicasta preconizada por Gregório Palamas	
1359	Morte de Gregório Palamas	

Datas	História ortodoxa	História geral
1368	Canonização de Palamas	
1371	Morte de Nicolas Cabasillas	
1377		Fim do papado em Avignon
1378		Dois papas se afrontam
1378-1429		Grande Cisma do Ocidente
1383	Os otomanos passam a controlar o Monte Athos, mas respeitam sua autonomia	
1385		Os turcos tomam Sófia
1387		Os turcos tomam Tessalônica
1392	Morte de São Sérgio	
1396		A cruzada conduzida pelos húngaros é arrasada pelos turcos às margens do Danúbio em Nicópolis
1414-1418		O Concílio de Constança coloca um fim ao Grande Cisma do Ocidente

1431		Santa Joana d'Arc é queimada em Rouen
1431-1449	Fim da dominação mongol na Rússia	
1433-1508	São Nil Sorski	
1438-1439		Concílio unionista em Florença, João VIII pede a união das igrejas sob as condições de Roma
1444		A última cruzada conduzida pelo rei da Hungria e da Polônia é desfeita em Varna
1446	O cerco de Moscou erigido em metrópole "autocéfala[1]"	
1453	Fim do Império Bizantino	Tomada de Constantinopla pelos turcos
1492		• Expulsão dos judeus da Espanha pelos reis católicos • Cristóvão Colombo chega à América
1500		Pedro Álvares Cabral chega ao Brasil

---

[1]. No direito canônico ortodoxo, chamamos de "autocéfalo" o direito, de um grupo de dioceses, de eleger seu primaz.

Datas	História ortodoxa	História geral
1505	Nil de Sora defende a pobreza monástica no Concílio de Moscou	
1517		Lutero protesta contra as indulgências
1519		Início da Reforma na Suíça realizada por Zwinglio
1530		Início da colonização no Brasil
1531		Morte de Zwinglio
1533		• Henrique VIII – seu casamento com Ana Bolena o faz ser excomungado pelo papa • Instalação do primeiro engenho de açúcar no Brasil
1534		Henrique VIII é proclamado chefe da Igreja da Inglaterra
1534-1536		Capitanias hereditárias no Brasil
1540		Os jesuítas recebem a aprovação do papa
1545-1563		Concílio de Trento
1546		Morte de Lutero

1549		Fundação de Salvador, primeira capital do Brasil
1551	Concílio de Moscou (Cem Capítulos)	
1554		• Maria da Inglaterra desposa Felipe II da Espanha • Fundação da cidade de São Paulo pelos jesuítas
1555		• Restauração do catolicismo na Inglaterra, perseguição dos protestantes • A paz de Augsburgo divide a Alemanha entre luteranos e católicos
1557		Primeira manifestação protestante no Brasil
1558		Elisabeth I, rainha da Inglaterra, restaura o protestantismo
1559		O Papa Paulo IV publica o primeiro Index onde são condenadas 48 edições da Bíblia consideradas como "heréticas"

Datas	História ortodoxa	História geral
1561		Maria Stuart torna-se rainha da Escócia
1562		Guerra religiosa e civil na França
1564		Morte de Calvino
1565		Fundação do Rio de Janeiro
1572		Noite de São Bartolomeu
1582		Morte de Santa Teresa d'Ávila
1587		Morte de Maria Stuart
1589	A sede de Moscou é erigida como patriarcado	Início da dinastia dos Bourbon na França
1596	Uma parte dos ortodoxos se une a Roma (Igreja "uniate")	
1610		Luís XIII, rei da França
1618		Início da Guerra dos Trinta Anos
1621		Primeira invasão holandesa do Nordeste do Brasil
1629		Primeira confissão de fé calvinista de Cyrille Loukaris

1630		Segunda invasão holandesa
1641		Condenação do *Augustinus*
1642		• O Concílio de Jassy condena os erros protestantes • Luís XIV, rei da França
1652	O Patriarca Nikon reforma a Igreja russa: cisma dos "Velhos-Crentes"	
1654		Expulsão definitiva dos holandeses do Brasil
1682-1725	Pedro o Grande	
1692-1767	Basílio de Poiana Marului	
1713		Bula *Unigenitus*
1721	Pedro o Grande suprime o patriarcado de Moscou e o substitui por um santo sínodo	
1722-1794	São Paissy Velitchkovsky	
1731-1805	São Nicodemos, o Hagiorita	
1759-1833	São Serafim de Sarov	

Datas	História ortodoxa	História geral
1762-1796	Catarina II, a Grande	
1776		Independência dos EUA
1782	Publicação da *Filocalia* grega por Nicodemos, o Hagiorita	
1789		Inconfidência Mineira
1789-1799		Revolução Francesa
1793	Publicação da *Filocalia* eslava	
1794	Morte de Paissy Velitchkovsky	
1800		Napoleão imperador
1807-1867	Santo Inácio Briantchaninov	
1808		Instalação da corte portuguesa no Brasil
1812		Campanha de Napoleão na Rússia
1812-1891	Santo Ambrósio d'Optimo	
1815-1894	São Teófano o Recluso	
1821	Renovação do Monastério de Optimo	

1822		Independência do Brasil
1829	O stárets Leônidas em Optimo (fonte de inspiração para o livro *Relatos de um peregrino russo*)	
1830		Na França, Revolução de Julho
1846-1920	São Nectário de Egina	
1848		Movimentos revolucionários na Europa
1850	Autocefalia da Igreja da Grécia	
1853-1856		Guerra da Crimeia
1853-1930	Callinique o Hesicasta (Monte Athos)	
1854		Dogma católico romano da Imaculada Conceição
1866-1938	São Silouane o Atônita	
1869-1870		Concílio Vaticano I
1870	Independência da Igreja da Bulgária (reconhecida em 1946)	

Datas	História ortodoxa	História geral
1879	Restabelecimento da autocefalia da Igreja Sérbia	
1881	Autocefalia romena	
1884	Surgimento da primeira edição de *Relatos de um peregrino russo* em Kazan	
1888		Lei Áurea abolindo a escravatura no Brasil
1889		Proclamação da República no Brasil
1908	Morte de João de Cronstadt	
1914-1918		Primeira Guerra Mundial
1917		Revolução Soviética
1917-1918	Restabelecimento do patriarcado de Moscou	
1923	Êxodo dos gregos da Ásia Menor	
1928	Tradução francesa do *Peregrino russo*	
1930-1945		1ª Era Getúlio Vargas
1937-1945		Estado Novo

1939-1945		Segunda Guerra Mundial Extensão dos regimes comunistas
1947-1982	A Filocalia romena, publicada pelo Padre Dumitru Staniloae (1903-1993)	
1948		Proclamação do Estado de Israel
1951-1954		2ª Era Getúlio Vargas
1959	Morte de José o Hesicasta (Monte Athos)	
1960		Fundação de Brasília
1962		Concílio Vaticano II
1963	Encontro do Patriarca Atenágoras e do Papa Paulo VI em Jerusalém	
1964		Golpe militar no Brasil
1965	Retirada dos anátemas contra Roma	Retirada dos anátemas contra Constantinopla
1984		Diretas-Já
1988	Milênio do batismo da Rússia	
1989		Queda do Muro de Berlim

Datas	História ortodoxa	História geral
1989-1991		Desmoronamento dos regimes comunistas
1993	Morte do stárets Sophrony	
2000	O papa de Roma João Paulo II pede perdão aos patriarcas e aos povos ortodoxos pelo comportamento da sua Igreja para com eles, esperando o retorno à fé da Igreja indivisa do primeiro milênio	
2001		Destruição do World Trade Center em Nova York; início de uma luta sem fim contra o terrorismo
2005		Morte de João Paulo II Eleição de Bento XVI
2006	Fundação da Igreja Cristã Ortodoxa do Brasil	
2008	Primeira publicação dos "Relatos de um peregrino russo" em português	

Glossário e comentários

I **Liturgia:** Na Igreja Ortodoxa a celebração eucarística que a Igreja latina chama de "Missa" é designada sob o nome de "Divina Liturgia". Essa celebração possui um caráter fundamentalmente dominical, pois, por um lado, na Igreja Ortodoxa o domingo guarda seu caráter de celebração hebdomadária da ressurreição e, por outro lado, a Divina Liturgia não está apenas centrada sobre a morte sacrifical do Cristo na Cruz, ela torna sacramentalmente presente todo o mistério da salvação e particularmente a ressurreição.

II **Mistério:** Normalmente, essa palavra significa: aquilo que é mantido em segredo, reservado aos iniciados, ou verdades inacessíveis à razão.

Para os cristãos, existe um sentido que é ao mesmo tempo mais amplo e mais profundo: ele aplica-se às coisas que estão além da compreensão, ou seja, além de toda definição que poderia exaurir nossos sentidos; são realidades divinas às quais podemos participar, não através do intelecto, mas através da graça do Santo Espírito na nossa própria vida.

São Paulo chama atenção para o fato de que, mesmo que nosso Deus seja um Deus oculto, ele é também um Deus que se revelou e continua se revelando a nós, como Pessoa, como Amor, "revelação de um mistério envolto de silêncio pelos séculos eternos, e que hoje é manifestado" (Rm 16,25-26). Aquilo que é oculto é algo que não é reservado a uma elite, aquilo que continua sendo mistério é o sentido pleno, pois hoje em dia nós "vemos como o reflexo em um espelho, como um enigma, mas também veremos face a face".

Na Igreja a palavra mistério (*mysterion*) é frequentemente utilizada para designar os sacramentos. Esses não são apenas simples "símbolos figurativos" sobre os quais poderíamos discutir longamente. As graças que ali estão presentes são as mesmas concedidas pelo Senhor na Câmara Alta, assim como nas curas e no perdão dos pecados.

Aquilo que é mistério é o fato de que a graça sacramental não é o resultado dos esforços humanos, dos "méritos", ela é um dom de Deus.

Estar consciente da vida que se dá em nós não é estar consciente de "algo" que poderíamos explicar científica ou racionalmente. É estar consciente de um mistério (literalmente, algo que nos "emudece"), de algo que está além daquilo que as palavras, as emoções e os sentimentos podem "compreender" ou "capturar".

III **Discernimento:** "Antes de tudo, peça a Deus que lhe dê discernimento. É a origem de todos os bens. Lembre-se da oração de Salomão: ele não pediu nem riquezas, nem grandeza, mas sabedoria, um coração inteligente para discernir o que é bom e todo o resto lhe foi dado em acréscimo.

É preciso muito discernimento para reconhecer em uma inspiração aquilo que vem de ti e de tua natureza mais ou menos santa; aquilo que também pode vir de Satã, que é habilidoso em se transformar em anjo de luz, e aquilo que vem realmente do Espírito Santo. É muito importante discernir a origem das inspirações que recebemos e qual é a nossa motivação profunda. Uma boa ação pode estar viciada por uma motivação impura. É preciso ser vigilante, mas sem se entregar demais à introspecção. Confie em Deus, não procure o que é elevado e peça conselho a seu pai espiritual ao invés de torturar o seu espírito.

Meu pai espiritual muitas vezes me disse que todo pensamento onde não predominam a calma e a humildade não vem de Deus, mas são manifestações da assim-chamada boa inspiração proveniente dos maus espíritos. O Senhor vem com serenidade, mas tudo que vem do Inimigo é acompanhado de problemas e agitações, você perceberá isso".

Jean-Yves Leloup
Palavras do Monte Athos

IV **São Dimitri de Rostov:** Nascido Daniel Savitch Touptalo. Filho de um oficial cossaco, ele fez seus votos em 1668. Foi nomeado por Pedro, o Grande para a sede episcopal de Rostov (nas proximidades de Moscou) em 1701. Lutou energicamente contra o relaxamento do clero e de seus fiéis e restaurou a disciplina no seu episcopado.

Foi autor de numerosos sermões e tratados, assim como de uma investigação sobre as seitas. Consagrou a maior parte da sua vida à redação do calendário litúrgico russo contendo a vida dos santos na ordem das suas respectivas festas. A edição, iniciada em 1684, foi terminada apenas em 1705 em Kiev.

Seu corpo foi descoberto intacto em 1752, tendo sido canonizado em 1757. Ele é celebrado no dia 21 de setembro, sendo o primeiro santo a ser canonizado pelo Santo Sínodo.

V **Essência:** Palavra derivada da palavra latina *esse*, que significa "ser". Quando falamos da "essência" de Deus, estamos evocando o mistério de Deus, seu Ser em si, totalmente outro, invisível, inconcebível, além de tudo que podemos dizer ou pensar, radicalmente transcendente.

Ele é incompreensível, no sentido onde "compreender" significa que podemos defini-lo, cercá-lo, conhecê-lo inteiramente através dos recursos da nossa inteligência.

A essência designa Deus tal qual Ele é em si mesmo, além de todo conhecimento humano. Segundo Gregório Nazianzeno: "Aquilo que Deus é, através da sua natureza e da sua essência, nenhum humano conseguiu descobri-lo e jamais o descobrirá".

Mas, de toda maneira, esse Deus está sempre próximo de nós, presente em todos os lugares e tudo preenchendo. Ele se revela a nós enquanto pessoa: seu Verbo encarnado, seu Filho que se fez homem. Ele se manifesta através das suas ações, suas energias. "Ele está, através da sua essência, fora de tudo, mas Ele está em tudo através do seu poder" (Santo Atanásio). "Não conhecemos Deus na sua essência. Nós o conhecemos através da magnificência da sua criação e da ação da sua providência que nos apresentam, como um espelho, o reflexo da sua bondade, sua sabedoria e seu poder infinitos" (São Máximo Confessor).

O Filho e o Espírito Santo são "consubstanciais ao Pai", ou seja, as três Pessoas da Trindade são um em uma única e mesma essência, um único Deus.

Nós dizemos, portanto, que Deus é uma única Essência (*mia ousia*), em três Hipóstases ou Pessoas que, de alguma maneira, são os sustentáculos dessa única essência, como três círios cujos pavios se tocam, formando uma única chama.

VI **Humildade:** "Se você quiser conhecer a *hesychia* que traz a humildade, observe seu irmão como sendo mais inteligente do que você e em tudo superior. Como Jesus, coloque-se aos pés de todos; em seguida, atribua a Deus todas as boas obras e tudo que existe de verdadeiro, de bom e de puro em ti. De fato, 'o que possui que não tenhas recebido?' 'Sem Ele nada podemos fazer'.

A humildade nos liberta da preocupação de agradar aos homens ou da vaidade de desagradá-los. Aquilo que é, é. Aquilo que não é, não é. Se fizeres o bem, não fale sobre isso a ninguém. A vaidade faz com que percas todo o mérito das suas obras. Não diga nada aos outros sobre seus jejuns, suas vigílias, seu trabalho. Aja em segredo.

Tudo que podemos dizer acerca da caridade, podemos também dizer sobre a humildade: quando eu falar a língua dos homens e dos anjos, se eu não tiver a humildade, eu não passarei de címbalos, de trombetas que tocam em minha própria glória. Quando eu tiver o dom da profecia e conhecer todos os mistérios e toda a ciência, quando eu tiver a plenitude da fé, uma fé que me fará atravessar as montanhas, se eu não tiver humildade, todas essas boas coisas serão pervertidas na minha intenção. Quando eu distribuir todos meus bens aos mendigos, quando eu tiver entregue meu corpo às chamas, se eu não for humilde, isso de nada servirá".

Jean-Yves Leloup
Palavras do Monte Athos

VII Isaac de Nínive, também conhecido por o Sírio:
Asceta e místico nestoriano do final do século VII.

Originário da Arábia, região do Beith Qataraye, nas costas do Golfo Pérsico, frente às ilhas de Bahrei. Na sua juventude entrou no convento de Mar Mattai.

Foi aluno da sede episcopal de Nínive e do patriarca nestoriano Jorge; no entanto, teve que se retirar após cinco meses, sem dúvida devido ao ciúme do clero local contra um estrangeiro. Morreu em uma idade muito avançada no Convento de Rabban Schabor, cego devido às suas austeridades e leituras. Sob o título de *Líber de contemptu mundi* estão reunidos vinte e cinco sermões diferentes, separados arbitrariamente em cinquenta e três capítulos. A mesma coletânea foi reunida na *Filocalia* grega e eslava; foi dessa maneira que ele tornou-se conhecido na Rússia. Cabe lembrar que, em *Os Irmãos Karamazov*, a personagem Smerdiakov era um leitor assíduo de Isaac o Sírio.

VIII Oração de Jesus

A Oração de Jesus ou mais exatamente a oração a Jesus; a oração "de" Jesus sendo "abba" ou "Pai-nosso".

A oração perpétua, que constitui, junto com a "procura do lugar do coração", é o fundamento do hesicasmo e remonta aos primeiros tempos da espiritualidade no Oriente.

IX *Philocalia*, *Philokalia* ou ainda Filocalia: O cristianismo não é apenas uma filosofia – amor pela sabedoria –, ele é também uma filocalia – amor pela beleza. "Deus é Belo e Ele ama a beleza; por isso, a oração não é considerada uma

técnica, mas uma arte. O desejo de Deus é o desejo do belo, o esplendor do verdadeiro, sabor do bem. "A beleza salvará o mundo", dizia Dostoievski. É a beleza de certas paisagens, de certos rostos, de certas liturgias que, muitas vezes, nos "salvam" da nossa mediocridade ou da alienação na qual vagam nossos pensamentos; de repente, estamos no "assombro" diante da beleza do mundo. "Não é o esquecimento de tudo aquilo que não é, mas a revelação daquilo que sempre esteve aqui. Faltavam apenas nossos olhos e a abertura do coração para podermos ver".

A *Filocalia* é uma coletânea de textos patrísticos sobre a oração espiritual que convidam à abertura do coração. Ela foi publicada pela primeira vez em Veneza em 1782. Os textos foram recolhidos por um monge do Monte Athos, Nicodemos de Naxos ou o Hagiorita. Quase ao mesmo tempo, o staréts Paisius Velitchkovski (1722-1794) estabeleceu uma Filocalia eslava, publicada em 1794. A edição em língua russa, obra de Teófano, bispo de Tambov, surgiu em Moscou em 1877. Ela difere bastante, devido a escolha dos autores, da Filocalia de 1794.

[X] **São Simeão o novo Teólogo (949-1022):** Um dos maiores místicos da Igreja grega. Apresentado aos dezenove anos à corte imperial, ele logo entrou no Monastério de Stoudion. Após seis anos, foi ao Monastério de Mamas, onde foi higumeno durante vinte e cinco anos. Teve papel preponderante na formação do hesicasmo, "paz, quietude, silêncio do coração", outra expressão para designar a prática da oração de Jesus. Após um conflito com o patriarcado, ele teve que deixar Constantinopla durante um período, mas foi reabilitado antes da sua morte.

[XI] **Nicéforo o Solitário:** Monge do Monte Athos (século XIV). Autor de diversos tratados.

[XII] **Rosário, Chtchiotki em russo:** Cordão de oração (*komboloï* em grego) constituído por um fio de lã, habitualmente de cor negra, coberto de pequenos nós, cada um trançado de uma maneira simbólica e complexa. Os cristãos ortodoxos o utilizam para contar suas orações. Equivale ao rosário dos católicos romanos, ao *tasbih* dos muçulmanos ou ainda ao *japa mala* dos budistas e hinduístas. De maneira geral, uma das extremidades termina em uma cruz trançada e em um pompom, cujo significado é o de secar as lágrimas. Existem diversos "tamanhos": trinta e três, trezentos ou quinhentos nós. Os *chtchiotki* também podem ser feitos de esferas de diversos materiais: couro, pérolas ou conchas.

XIII **Graça:** Conhecemos Deus através das suas energias. As energias são o próprio Deus, agindo e revelando-se no mundo. É através delas que Deus entra em relação com a humanidade. Com relação ao homem, essa energia divina não é nada além da graça de Deus. É a própria manifestação do Deus vivente, é a "energia ou processo da natureza una, a divindade quando ela se distingue inefavelmente da essência e comunica-se aos seres criados, divinizando-os. No Espírito Santo, a vontade não é mais exterior a nós mesmos: ela nos concede a graça a partir do interior, manifestando-se na nossa própria pessoa enquanto nossa vontade humana permanecer em sintonia com a vontade divina e cooperar com ela adquirindo a graça, e tornando-a nossa" (V. Lossky. Op. cit., p. 169).

XIV **Amar:** "A maneira mais segura para sabermos onde estamos no nosso caminho espiritual é observando nossa atitude para com nossos irmãos. 'Aquele que diz *Eu amo Deus*, mas que não vê e não ama seu irmão, é um mentiroso'.

De que servem os êxtases, as renúncias, os jejuns, as vigílias, as belas liturgias, se você não amar o seu irmão? Nada terá mudado no seu coração; você procura agradar-se a si mesmo, você não procura agradar a Deus que pediu que amemos todos os homens como Ele próprio nos amou. Ele faz 'a chuva cair sobre os bons e os ruins'.

Só podemos amar no momento presente. Se você diz 'amei' ou 'amarei', nesse momento você não está amando,

Deus está ausente da sua alma. Você só pode amar Deus no momento presente. O Inimigo sussurra nos seus ouvidos que, se as condições fossem melhores, se não fosse esse ou aquele irmão, etc., você amaria mais. É dessa maneira que lhe é roubado o presente, a realidade dada por Deus para que você lhe dê graças e para que seu amor por Ele possa crescer".

Jean-Yves Leloup
Palavras do Monte Athos

[XV] A prática da oração de Jesus se faz em três "etapas" sucessivas: primeiro, a oração é repetida sem parar com os lábios, que é uma maneira de fazer o corpo se acostumar a esse hábito; em seguida, ela é conduzida ao espírito através de um esforço de concentração e da aptidão de afastar os pensamentos parasitas; enfim, a oração penetra o coração, batendo, ela própria, no ritmo das batidas do coração do hesicasta.

[XVI] Uma vida de peregrinação, tal qual levava o narrador da história, era uma prática corrente na Rússia desde a Idade Média. Os peregrinos (*stranniki*) levavam uma vida de errância, indo de monastério a lugares santos e de lugares santos a monastérios. Muitas vezes eles passavam a vida inteira peregrinando. Eles faziam, assim, parte integrante das paisagens campesinas da Rússia.

[XVII] **Santo Inocêncio de Irkoutsk** (1630-1731): Ele partiu como missionário para a Sibéria numa época onde as vastas regiões asiáticas da Rússia eram ainda uma fronteira distante. Seu túmulo tornou-se um popular lugar de peregrinação.

Irkoutsk situa-se na margem ocidental do Lago Baikal, fronteiriço à Mongólia e não muito longe da China. Fazer uma viagem a pé rumo a Irkoutsk não é pouca coisa – o trajeto, partindo da Rússia Europeia, representa, pelo menos, três mil e trezentos quilômetros.

[XVIII] Essa história lembra um episódio da vida de São Serafim de Sarov. No outono de 1801, ele estava cortando lenha na floresta quando foi atacado por dois bandidos que queriam dinheiro. Quando ele lhes disse que não tinha nada, eles o espancaram e o feriram gravemente.

O solitário recusou deixar-se cuidar pelos médicos, confiando na ajuda do Senhor que lhe enviara uma visão enquanto ele trabalhava a terra. Ele pediu que seus agressores não fossem perseguidos, lembrando as palavras evangélicas: *E não temais os que matam o corpo, e não podem matar a alma, temei antes aquele que pode fazer perecer no inferno a alma e o corpo* (Mt 10,28).

XIX **Pai espiritual:** "Um pai espiritual não necessita de carismas extraordinários, mas ele precisa ter uma paciência e um amor infinitos; é dessa maneira que ele assemelha-se a Deus.

No coração do pai espiritual, a dor e a alegria estão sempre fortemente ligados: dor do parto (paciência, exortação, misericórdia); e também a alegria de ver um filho nascer em Deus e de vê-lo crescer rumo à plena estatura do homem em Cristo.

A única preocupação de seu pai espiritual é a sua salvação e sua divinização. É por isso que ele ora em segredo ao Pai; é por isso que ele o exorta, o repreende, o corrige. Quando ele o humilhar, dê graças a Deus, pois é assim que ele espera torná-lo semelhante ao Cristo, fazendo com que você adquira a humildade sem a qual você não pode participar do Espírito Santo".

Jean-Yves Leloup
Palavras do Monte Athos

XX **Ícone:** Geralmente traduzido por "imagem"; a nominação *ikon*, que vem do grego, possui um sentido profundo, que provém do verbo *eiko*, ou seja, "dar lugar, retirando-se diante daquilo que deve tomar todo lugar..." (Heidegger). À diferença do ídolo, o ícone apaga-se diante daquilo que ele representa; ele é apenas o sinal visível do Invisível, o sujeito ou hipóstase propostos à contemplação daquele que não saberia se contentar e permanecer espectador.

Para a tradição ortodoxa, a própria existência das imagens e sua veneração nas igrejas é uma confissão da encarnação do Cristo e da salvação. Esse aspecto da doutrina da veneração das imagens continua sendo estranha ao Ocidente.

XXI **Fé:** A vida na Igreja Ortodoxa é impossível sem fé: adesão do corpo, do coração e da inteligência à Presença invisível em todos os dons e presenças visíveis.

A fé é a inabalável certeza dos bens que esperamos, a certeza das realidades invisíveis (Hb 11,1).

Se não acreditardes, não compreendereis (Is 7,9 – tradução dos Setenta).

Não tenha medo, apenas acredite (Lc 8,50).

Acreditai na luz para que sejais filhos da luz (Jo 12,36).

Aquele que quiser aproximar-se de Deus deve crer que Ele é (Hb 11,6).

Deus lança a flecha do amor, seu Filho monogênico, após ter umedecido as três extremidades da ponta com o Espírito vivificante. A ponta é a fé que não apenas introduz a flecha, mas também o arqueiro junto com ela (Gregório de Nissa).

O homem que tem fé não é aquele que acredita que Deus pode tudo, mas aquele que acredita poder obter tudo (São João Clímaco).

A fé coloca ao nosso alcance aquilo que parecia não ter esperança (São João Clímaco).

A fé é a porta aos mistérios (Santo Isaac o Sírio).

A fé possui olhos espirituais – aquilo que os olhos do corpo são para as coisas sensíveis, a fé é para os olhos secretos (Santo Isaac o Sírio).

A fé é um poder relacional ou uma relação eficiente da união completa, sobrenatural do crente com o Deus puro (São Máximo Confessor).

Deus colocou no fundo das almas o desejo de alcançar o bem que elas desejam, a verdade que elas buscam, pois a alma humana tem sede do Infinito. Nós não buscamos, nós fomos buscados. A fé é um dom do Espírito Santo (Nicolas Cabasillas).

A fé cristã está orientada para o eterno presente, rumo à plenitude revelada no e através do Cristo (Georges Florovsky).

A fé não é uma questão de mera inteligência. Ela não se cultiva, ela não se acresce através dos exames e dos estudos. A fé – que é confiança em Deus e abandono a Deus – está completamente ligada ao amor que é o próprio Deus. É, então, amando, oferecendo o máximo que você puder ao outro, ao teu irmão, ao Cristo, e terminando por oferecer-se ao Deus que você conhece, que você acredita (Padre Basílio de Stavronikita).

A fé não nasce de uma falta, de uma carência, mas da plenitude do amor e da alegria (Padre Alexandre Schmeman).

XXII **Hesíquio:** Hesíquio de Jerusalém, morto em 432 ou 433. Padre palestino, professor e pregador, ele foi discípulo de grande renome de Gregório o Teólogo. O peregrino leu, sem dúvida, um trecho dos seus *Textos sobre a ponderação e a oração para a salvação da alma.*

XXIII **Nicéforo o Monge ou o Solitário (morto em 1340):** monge do Monte Athos e um dos mestres de Gregório Palamas.

XXIV **Gregório o Sinaíta (1255-1346), também conhecido por Gregório do Sinai:** Monge oriundo do Sinai (daí o seu nome); aprendeu a oração do coração no Monte Athos, onde restaurou a tradição hesicasta e revigorou a oração perpétua. Ensinou a oração do coração nos Bálcãs. A influência da sua doutrina hesicasta fez-se sentir tanto na Europa quanto no mundo bizantino. Teve que deixar o Monte Athos durante as grandes querelas hesicastas (1320-1340), instalando-se na Bulgária, onde fundou um monastério próximo da atual cidade de Kavaklu. O texto grego da sua vida foi publicado por Pomialovski em Petersburgo em 1894. Ele é conhecido particularmente pelos seus ensinamentos relativos à sobriedade espiritual – sua capacidade de permanecer firme e estável na oração sem se deixar distrair pelos estados emocionais.

XXVI **Calisto e Inácio Xanthopoulos:** monges do Monastério de Xanthopouloi, nas proximidades de Constantinopla (meados do século XIV). Eram amigos íntimos, ensinaram juntos a oração após terem feito sua iniciação monástica no Monte Athos. Foram discípulos de Gregório o Sinaíta. Calisto Xanthopoulos foi patriarca de Constantinopla durante alguns meses em 1397. Juntos, compuseram um tratado sobre a vida ascética.

XXVII **O dom das lágrimas:** Os textos espirituais ortodoxos evocam diversas vezes o sobrenatural "dom das lágrimas". Eis uma passagem a respeito desse tema tirada da *Filocalia*, encontrada nos *Tratados místicos* de Isaac de Nínive (Isaac o Sírio): "O homem interior só começa a dar frutos quando ele derruba lágrimas. Quando tiveres encontrado o lugar das lágrimas, tenha certeza de que teu espírito saiu da prisão deste mundo e colocou seus passos sobre o caminho que conduz rumo a uma nova idade. Seu espírito começa, então, a respirar o ar maravilhoso deste lugar e ele começa a derrubar lágrimas. O momento propício para o nascimento da criança espiritual está agora ao nosso alcance e o trabalho de parto torna-se mais intenso. A graça, mãe de todos nós, apressa-se em dar à luz misticamente a alma, a imagem de Deus, colocando-a no mundo à luz da idade que virá. E quando chegar a hora do nascimento, o intelecto começará a pressentir esse outro mundo – como um perfume evanescente ou como o sopro de vida que um recém-nascido recebe sobre seu envelope carnal. Mas não estamos habituados a tal experiência e, julgando-a difícil de suportar, nosso corpo se vê, de repente, submerso pelas lágrimas misturadas à alegria".

Eis uma outra passagem tirada dos *Capítulos teológicos, gnósticos e práticos* de São Simeão o Novo Teólogo: "Quanto mais penetramos nas profundezas da humildade reconhecendo-nos como indignos de salvação, tanto mais a contrição libera as fontes das lágrimas; na mesma proporção brotam no coração a alegria espiritual, com a esperança que nasce da mesma fonte, que cresce com ela e que torna mais firme a certeza da salvação. Cada um deve se observar e se compreender para não se fiar unicamente na esperança, deixando de lado a contrição segundo Deus e a humildade espiritual, nem fiar-se na humildade e nas lágrimas sem a esperança e a alegria espiritual que devem acompanhá-las".

XXVIII **Dias de festa:** Eis as doze grandes festas da Igreja Ortodoxa:

- Natividade da Virgem Maria: 8 de setembro;
- Exaltação da Cruz: 14 de setembro;
- Apresentação da Virgem ao Templo (Entrada no Templo): 21 de novembro;
- Natividade do Cristo (Natal): 25 de dezembro;
- Teofania ou o Batismo do Cristo (Epifania): 6 de janeiro;
- Apresentação do Cristo ao Templo (Purificação de Maria ou Santo Encontro): 2 de fevereiro;
- Anunciação: 25 de março;
- Domingo de Ramos (ou Domingo de Palmas): uma semana antes da Páscoa;
- Ascensão: quarenta dias após a Páscoa;
- Transfiguração do Cristo: 6 de agosto;
- Dormição da Virgem Maria (Assunção): 15 de agosto.

Um grande número de pessoas também era esperado para a Festa da Páscoa e durante as semanas que precediam essa festa, assim como para a festa do patrono da igreja ou ainda para as festas dos santos populares.

É interessante observarmos que, até a Revolução Russa, toda a Rússia utilizava o calendário juliano, que tinha sido substituído, em meados do século XIX, em toda a Europa e na América, pelo calendário gregoriano, mais preciso e que está atualmente em uso em todo o mundo para as datações seculares. Apesar do calendário juliano – que deve seu nome a Júlio César, que o introduziu em 46 antes da era atual, durante o Império Romano – ser praticamente idêntico ao calendário gregoriano – que deve seu nome ao Papa Gregório XIII que o promulgou em 1582 – ele revelou-se, no entanto, inexato na contagem das horas "a mais" de cada ano solar, fazendo com que alguns minutos fossem perdidos todos os anos. No século XIX, ele acusava um atraso de doze dias com relação ao calendário gregoriano. Hoje em dia, início do século XXI, esse atraso é de treze dias. Consequentemente, quando, por exemplo, o peregrino celebrava o Natal no dia 25 de dezembro, a maior parte das pessoas ao redor do mundo estava no dia 6 de janeiro. A Igreja Ortodoxa Russa continua a utilizar, na sua liturgia, o calendário juliano, mas em quase todos os outros lugares os ortodoxos seguem o calendário gregoriano.

XXIX **Velhos-Crentes ou *raskolniki*:** Esse movimento nasceu em 1666, no momento onde o Patriarca de Moscou, Nikon, introduziu reformas litúrgicas na Igreja Ortodoxa Russa destinadas a alinhar sua prática às dos cristãos ortodoxos do mundo inteiro. Essas reformas nada tinham de teológico ou de doutrinário, elas diziam respeito exclusivamente à liturgia: colocação dos dedos no momento de fazer o sinal da cruz, número de prosternações a serem realizadas durante a oração de Santo Efraim da Síria, etc. Os velhos-crentes, seguindo seu santo e carismático chefe Avvakoum, recusaram-se a se submeter à prática reformada, preferindo guardar sua prática russa específica que era, em muitos pontos, mais antiga do que a dos seus contemporâneos de língua grega. Eles se dividiram em dois grupos principais, os *popovsti* (aqueles que têm padres) e os *bezpopovsti* (aqueles que recusam os padres e que estão afastados de todo tipo de organização, de maneira geral), grupo ao qual o pai da moça provavelmente pertencia. As comunidades dos velhos-crentes atravessaram a época moderna, a despeito de momentos de perseguição, e elas existem ainda hoje. Trata-se do movimento que promove o cisma mais representativo na história da Igreja Ortodoxa.

XXX **Santo Atanásio o Atonita:** Fundador da Grande Lavra no Monte Athos. Nascido por volta de 920 em Trebizonde, ele tomou o hábito no Monte Kyminas, na Bitânia. Ele levou uma vida de eremita, mais tarde fugindo para o Monte Athos para não ser nomeado higumeno (cerca de 958). Viveu escondido entre os solitários sob o nome de Dorothé; ele foi encontrado pelo seu amigo Nicéforo Phocas que fez com que ele aceitasse, não sem certa dificuldade, uma soma de dinheiro para construir um convento e uma igreja dedicados à Virgem. Esse foi o Monastério da Grande Lavra, o primeiro do Monte Athos.

Santo Atanásio o Atonita é o grande organizador da vida monástica da Santa Montanha. Seu *Typikon*, inspirado no *typikon* do Monastério de Studios em Constantinopla, constitui, ainda hoje em dia, o fundamento do monaquismo atonita. Ao receber, segundo a lenda, a cruz superior (higumeno) das próprias mãos da Virgem, Atanásio, o fundador da Grande Lavra, deu o nome de Anunciação à igreja.

Ele morreu em 1003, junto com outros cinco monges, devido a queda de uma abóbada no momento em que estava sendo colocada a pedra angular. Ele é festejado no dia 5 de julho.

XXXI **A Bem-aventurada Marina:** Festejada na Igreja latina no dia 17 de julho e pela Igreja grega no dia 12 de fevereiro. Ela é, provavelmente, originária da Bitânia. Viveu no século VIII. Seu pai, Eugenius, entrou no monastério após sua viuvez; no entanto, ele não suportava viver separado da sua filha. Não ousando contar a verdade ao abade do monastério, ele fez com que os monges acreditassem que se tratava do seu filho. Autorizado a levar consigo seu filhinho, ele disfarçou Marina, deu-lhe o nome de Marinus e a instalou no monastério. Ela tinha dezessete anos quando seu pai morreu. Ela permaneceu no convento, dando provas de grande devoção e piedade.

Acusada de ter violentado uma jovem, ela submeteu-se a uma duríssima penitência. Sua identidade foi descoberta apenas após sua morte.

XXXII **João de Kharpatos (ou Carpathios):** Possuímos poucos elementos acerca da vida do autor do texto chamado *Cem capítulos da exortação: cartas aos monges da Índia*, documento destinado a encorajar aqueles que sentiam-se tentados a abandonar a vida monástica.

Karpathos é uma ilha grega do arquipélago de Sporades, situada entre Creta e Rodes. Acredita-se que João de Karpathos foi um monge que vivia em comunidade e que se tornou bispo da sua ilha, talvez no século VII. Apesar do título da sua obra, é pouco provável que ele tenha escrito aos monges cristãos na Índia no século VII. Os especialistas acreditam que esse texto dirigia-se aos monges da Etiópia.

XXXIII **Gregório Palamas ou Gregório de Tessalônica:** Nascido em 1296, arcebispo de Tessalônica em 1347, morto em 1359.

Partidário dos hesicastas, Gregório Palamas buscou dar a suas doutrinas uma base dogmática. Suas teses sobre a luz incriada e sobre a distinção em Deus entre essência e energias tocaram problemas difíceis e suscitaram vivas controvérsias. Seu pensamento, criticado e sem dúvida mal compreendido durante longo tempo no Ocidente, é apresentado hoje em dia de maneira positiva.

XXXIV **Calisto Telicoudas:** Asceta da escola de Calisto e Inácio Xanthopoulos. Conhecemos seu opúsculo: *Sobre a prática hesicasta*.

XXXV **Santo Antônio o Grande (251-356):** Eremita egípcio conhecido como "pai dos monges". Sua *Vida*, escrita por Atanásio de Alexandria, tornou-o conhecido em todo o mundo cristão e inspirou o movimento monástico que conheceu grande amplitude no século IV. O texto que lhe é atribuído, *Exortação sobre o comportamento dos homens e a conduta virtuosa: cento e setenta capítulos*, inicia a Filocalia. Se Antônio for o autor desse texto, este seria o texto mais antigo da antologia do ponto de vista cronológico. Mas os especialistas hoje em dia têm quase certeza de que esse texto não foi escrito por Antônio e que, provavelmente, ele não tem origem cristã. Trata-se certamente de uma compilação de várias citações tiradas das obras de diversos autores estoicos e platônicos entre os séculos I e IV da nossa era.

xxxvi **Macário o Grande (300-390) ou Macário do Egito:** Anacoreta durante sessenta anos no deserto de Scete. Originário do Alto Egito, foi sem dúvida discípulo de Santo Antônio. Das obras publicadas em seu nome, apenas a *Carta aos jovens monges*, conhecida desde o século V, pode lhe ser atribuída com certeza.

xxxvii **Marcos o Eremita ou o Asceta (morto em 430):** Autor de escritos ascetas; aparentemente viveu no início do século V. Discípulo de Crisóstomo, foi abade de um monastério em Ankara; em seguida, eremita no deserto da Judeia.

xxxviii **Acatista:** Significa "não sentado". Trata-se de um hino em honra à *Theotokos* que é cantado de pé (durante cerca de oito horas). Esse hino é particularmente apreciado pelos monges do Monte Athos.

Atribui-se sua autoria ao Patriarca Sérgio que viveu em Constantinopla no século VII. O hino teria sido composto em 626 quando a cidade, indefesa, deveu sua salvação graças apenas a uma tempestade que colocou em fuga aqueles que iam tomar a cidade de assalto. Inumeráveis "ações de graça" foram, então, escritas em homenagem à Virgem a quem os moradores atribuíram o milagre.

xxxix **João Clímaco:** Também chamado de João do Sinai (526-616). Viveu toda sua vida na solidão, aos pés do Monte

Sinai, com exceção de alguns anos durante os quais ele dirigiu o Monastério de Santa Catarina do Sinai. Sua obra mais conhecida é a *Escada do paraíso*, onde encontramos uma das primeiras alusões à "oração de Jesus": "Que a oração de Jesus faça apenas uma com a tua respiração e conhecerás o fruto do silêncio e da solidão". Segundo João Clímaco, todo monge deve galgar os trinta degraus da perfeição espiritual, que ele imagina sob a forma de uma escada grandiosa erguida em direção aos céus. Verdadeira suma da vida ascética, a *Escada do paraíso* é o livro de cabeceira de todo monge ortodoxo.

XL **São Josafá:** Trata-se provavelmente de Josafá, bispo de Belgorod a partir de 1758. Ensinou durante longo tempo, ao mesmo tempo que era padre. Ele era casado e podia, portanto, ter uma descendência.

XLI **Máximo o Confessor (cerca de 580-662):** Maior teólogo grego do século VII. No início, ele foi secretário particular do Imperador Heráclio, em seguida monge e abade de Chrysopolis, perto de Constantinopla. Ele lutou contra a heresia monotelita e teve que se exilar na África do Norte e em Roma. Preso em 653, ele foi levado de volta a Bizâncio e martirizado devido à sua fé. Terminou sua vida no exílio, em um monastério.

Interessou-se particularmente pelo lugar da humanidade na teologia. Ele é conhecido pela eloquência colocada na refutação de diversas heresias da sua época.

XLII **Pedro Damasceno (ou de Damas):** Conhecemos pouca coisa sobre esse autor, cujos escritos ocupam um lugar mais importante na *Filocalia* do que os outros autores. Se nos atermos às datas citadas por ele, então ele provavelmente não viveu antes do século IX. No entanto, não possuímos dados biográficos a seu respeito.

XLIII **São João Damasceno:** Monge no Monastério de São Sabbas em Jerusalém, ele teve um papel importante como defensor das imagens no primeiro período da querela iconoclasta.

XLIV **Efrém o Sírio (306(?)-373):** Um dos mais antigos escritores sírios, compôs diversos poemas e comentários da Bíblia. Ele nasceu em Nísibe de pais pagãos e foi batizado pelo Bispo Tiago. Retirou-se a Edessa no final da vida, onde faleceu em 9 de junho de 373.

Teve grande influência, como testemunham as numerosas traduções dos seus escritos em grego, árabe e aramaico. Gregório de Nissa conheceu suas obras e escreveu seu panegírico. Ele foi sobretudo um comentarista da Bíblia, raramente se aventurando em especulações metafísicas ou teológicas. Um dos assuntos favoritos dos seus sermões é o julgamento final. "Uma das suas prédicas fez, desse terrível anúncio, uma representação viva através do diálogo estabelecido entre ele e seu público". Esse discurso, ou melhor, esse drama, conhecido em toda a cristandade do Oriente, era citado, com admiração, no século XIII por Vincent de Beauvais e, certamente, não foi ignorado por Dante.

Clássicos da Espiritualidade

Confira outros títulos da coleção em

livrariavozes.com.br/colecoes/classicos-da-espiritualidade

ou pelo Qr Code